프로게이머를 꿈꾸는 사람들이
꼭 알아야 할 가이드 북

프로게이머를

꿈꾸는 사람들이 꼭 알아야 할

가이드 북

구마태 | 한상용 | 박상진 | 정영록 지음

봄날

서문

올해 초 정영록 회계사님과 오랜만에 약속을 잡았다. 미팅을 할 영등포 사무실로 향하는 길에 처음 회계사님을 만났던 때가 생각났다. 그때 회계사님은 스스로를 이렇게 소개했다. '스타크래프트 프로게이머 출신의 회계사' 최종적으로는 지금 서 있는 필드에서 후배들에게 도움이 될 수 있는 일이 있을지 묻기 위해 내게 연락하신 것이다. e스포츠에 몸 담그던 그 시절을 늘 마음에 담아두고 있었기에 가능한 만남이었다. 대화할 당시만 하더라도 연봉이 높다고 할 만한 수준의 선수가 많지 않고 해외 팀에서 활동하는 경우가 적었다. 그러나 그 자리에서 우리는 얼마 되지 않아 이 필요가 시장에 있을 것이라고 예견했다. 그리고 실제로 적중했다.

회계사님에게 미팅을 요청하게 된 계기는 기존에 다니던 회사를 그만두고 프로게이머 학원 사업을 새로 시작했기 때문이다. 정확히는 세무에 관한 도움이 필요해서였다. 한참 시간이 흘러 중요한 주제가 어느 정도 해소 될 즈음이었다. 회계사님이 뜬금 없을 제안을 해도 되는지를 물었다. "그런데 대표님! 책 내실 생각 없으세요?" 사실 그 전에 이미 집필이 끝난 책이 있었다. 분량이 상당하고 다소 어려운 개념들이 포함된 전문서적이었는데 출판을 해준다는 곳이 없었다. 쉽게 다가가기 힘든 책이기 때문이라고 스스로 판단했다. 이런 내 심경 고백이 회계사님께 전달이 되었을까? 책을 낸다면 프로게이머에 관해 아주 쉬운 책을 집필하기를 원한다고 했다. 그 이야기를 들은 회계사님은 자신은 평소에 세무와 자산 관리에 관해 후배들에게 전하고 싶은 메시지가 있다고 했다. 그렇게 입문용 책에 대한 집필진 두 명이 소집 완료되었다.

대화가 구체화 될 즈음 추가 집필진에 대해 고민했다. 이 책의 앞부분 즉, 일종의 배경이 되는 것을 열고 나면 그 배경을 이어 받아 프로 팀에서 유망주와 선수들을 실제로 대면해 온 전문가의 견해와 경험이 펼쳐지는 것이 좋겠다고 생각했다. 생각이 마무리 될 때쯤 한치의 망설임 없이 한상용 교수를 적임자로 지목했다. 바로 전화를 걸었고 그 자리에서 집필 브리핑 자리에 대한 참여를 확답 받았다. 곧 이어 이 책의 클라이맥스를 장식할 내용을 고민하기 시작했다. 일종의 프로게이머가 되고 싶은 이유에 대한 해답 제시였다. 가장 훌륭한 롤 모델, 그것은 '페이커' 이상혁이다. 예전부터 박상진 기자님이 이상혁 선수에 관해 많은 연구를 하고 있었다는 것을 알고 있었다. 그 내용이 공개된 여러 편에 걸쳐 인터뷰와 기사에 잘 담겨 있다. 주저할 필요가 없었다. 전화기를 들었고 브리핑 미팅 참여 의사를 확인했다.

삼성동 한 호텔 식당에서 브리핑 자리를 가진 우리 4명의 집필진은 그 자리에서 자신의 역할을 확인했고 전부 참여를 확정했다. 그로부터 거진 6개월이 훌쩍 지나서야 책이 그 모습을 세상에 드러내고 독자들을 만날 준비를 마쳤다. 이 책은 누구든 책방에 가서 앞부분을 살짝 보고 쉽게 읽을만한 생각이 들게 하는 것이 목표다. 전문용어는 최대한 배제하고 일상 생활에서 쉽게 사용되는 친숙한 어조로 이 주제에 관해 중요하고 다양한 지식들을 담았다. 매대에 진열되어 있는 책을 '툭~' 집어서 바로 계산대로 들고 가 구입을 할 마음이 든다면 성공이다. 그러나 독자 스펙트럼을 좁게 가져가진 않는다. 현역 프로게이머도 도움이 되는 내용도 빽빽하게 채웠다.

보통 e스포츠의 역사는 대략 20년 안팎이라 말한다. 그래서 이제 막 어른이 된 청년에 곧 잘 비유한다. 따라서 아직은 홀로서기를 하기에는 여러모로 부족한 면이 많다. 그러나 그 잠재력 만큼은 그 어떤 것과도 비교할 수 없다고 평을 한다면 정확하다. 그러한 측면에서 볼 때 가장 필요한 시기에 절묘한 내용을 담은 책이 출간되는 것이라 할 수 있다. 너무 어리지도 너무 늦지도 않다. 순리다. 끝으로 책이 세상에 나올 수 있게 모든 지원을 아끼지 않은 도서출판 봄날에 깊은 감사를 드리며 봄날은 한참 지나간 한 여름에 어느 커피숍에서 이 서문을 마친다.

— 피어엑스엘리트 아카데미 대표 구마태

차례

구마태

| chapter 1 | e스포츠의 위상과 프로게이머의 세계 15p

| chapter 2 | 프로게이머 이후의 다양한 경력관리 27p

| chapter 3 | 참된 도전의 가치 41p

한상용

| chapter 4 | 프로게이머 선발과정 및 최고의 프로게이머가 되기 위한 방법 61p

1. 프로게이머의 선발과정 4단계
2. 프로게이머가 되기 유리한 역할과 자질

| chapter 5 | [멈추지 않는 도전! 프로게이머]
프로게이머의 팀 생활과 훈련 과정 엿보기 85p

1. 'JD'(이제동) 선수
2. 'Chovy'(정지훈) 선수
3. 'Teddy'(박진성) 선수

| chapter 6 | 프로게이머가 되려면 꼭 해야 할 세 가지 97p

1. 목표설정
2. VOD와 리플레이를 활용한 전략 수립
3. 건강한 생활(규칙적인 생활)

박상진

| chapter 7 | 성공한 프로게이머의 대명사, '페이커' 113p

| chapter 8 | 전설의 시작, 그리고 찾아온 첫 고비 119p

| chapter 9 | '페이커'라는 전설이 더 단단해지기 위한 시간 127p

| chapter 10 | 전설이 다시 전설이 되기까지의 길 133p

| chapter 11 | "모든 길은 결국 저를 통합니다" – 페이커 143p

정영록

| chapter 12 | 프로게이머의 수입구조 161p

1. 꽃길만 있는 세상은 아니에요 : 프로게이머의 수입 구조와 현실적인 조언
2. 현실적인 조언 : 수입 다각화 및 안정화 전략 필요

| chapter 13 | 프로게이머는 세금을 얼마나 내나요? 167p

| chapter 14 | 효율적인 세금관리 전략 : 궁극의 챔프 법인 185p

| chapter 15 | 경제적 안정과 성공적인 자산관리를 위한 조언 195p

들어가며

핸드폰을 손에서 놓지 않는 사람들이 눈에 들어옵니다. 지하철을 타도, 버스를 타도 우리 모두는 각자 무언가를 집중해서 보고 있지요. 바야흐로 콘텐츠의 시대가 열렸다 표현해도 어색하지 않을 듯 합니다. 내용물이라는 뜻을 가지고 있는 'Contents'는 삶 다양한 곳에서 쓰입니다. 예를 들어 커피를 주문할 때, 'Caution Contents HOT'이라는 표현이 뚜껑에 표기되어 있는 것을 볼 수 있는 것과 같아요. 내용물인 커피가 뜨거우니 주의하라는 의미를 전달하지요. 다만, 콘텐츠라는 단어는 뜻의 전달을 넘어 비디오 콘텐츠 등 더 포괄적인 의미를 담고 있기 시작했습니다.

핸드폰을 손에서 놓지 않는 사람들 또한 콘텐츠를 보고 있습니다. 어젯밤에 방영한 예능을 보고 있을 수도, 넷플릭스 오리지널 콘텐츠를 보고 있을 수도 있지요. 경우에 따라서는 뉴스나 경제 관련 지식을 전달하는 영상을 보고 있을 수 있습니다.

　지금 저기 지하철 기둥에 등을 대고 있는 고등학생이 있습니다. 조용히 옆으로 다가가 폰으로 무엇을 보고 있는지 슬쩍 봅니다. LoL 경기를 보고 있군요. 이번 시즌 T1과 KT롤스터의 경기를 보고 있습니다. T1은 SK 그룹 산하의 페이커 이상혁 선수의 팀으로 알려져 있지요. 페이커 선수는 작년 항저우 아시안 게임에서 금메달을 같은 해 LoL 월드 챔피언십에서 4회째 우승하였습니다. 또한 최근 사우디에서 열린 e스포츠 월드컵에서 초대 우승을 차지한 팀이기도 합니다. 포털에 검색하면 놀라운 기록임을 쉽게 알 수 있는데요. 이는 특히 월드 챔피언십을 축구에 비교한다면 월드컵과 같습니다. 그래서 별명이 롤드컵이지요.

　이 친구는 T1의 팬인 것 같아 보입니다. 뒤로 맨 가방에 2023년 월드 챔피언즈 우승 기념 열쇠고리가 달려 있었기 때문이지요. 아마도 T1이 이기고 있는 것 같군요. 이어폰으로 듣고 있기 때문에 정확한지 알 수는 없지만 입가에 옅은 미소를 보니 잘 풀리는 듯 싶습니다.

　조금 떨어져 있는 곳에 여대생으로 보이는 친구도 있습니다. 학교명이 적힌 점퍼를 입고 있네요. 가까이 가볼까요? 마찬가지로 같은 경기를 보고 있군요. 그것도 그럴 것이 이 경기의 현재 시청자 수는 100만 명이 넘습니다. 심지어 중국 시청자를 제외하고 말이죠. 약 60~70% 정도가 한국 시청자라는 것을 가정한다면 계

산적으로 볼 때 60~70만 명 정도가 이 경기를 보고 있습니다. 그래서 지금 저와 여러분 곁에 있는 사람일 가능성이 높은 것이지요. 정리하면 우리 지금 눈앞에 보이는 젊은 친구들 중에서 꽤 많은 숫자가 지금 이 경기를 보고 있어야 한다는 결론에 도달했습니다.

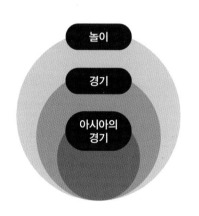

그러면 이쯤에서 궁금합니다. 그들은 과연 정확히 어떤 것을 보고 있는 걸까요? 한마디로 표현하면 '게임'입니다. 우리가 일상생활에서 흔히 말하는 그 게임이지요. '놀이'라는 의미를 가진 게임에는, '경기(대결, 경쟁)'라는 개념도 포함됩니다. 아래 대화처럼 간단하게 예를 들어 보겠습니다.

대화에서 느껴지는 것처럼 아이는 시합과 놀이를 같은 것으로 분류하고 있죠. 따라서 큰 개념 '놀이' 안에 있는 작은 개념 '경기'가 있는 것이라고 할 수 있어요. 이 풀이라면, '아시안 게임'도 해석이 됩니다. 아시아 사람들이 모여서 하는 놀이라고 할 수 있어요. 이를 한 번 더 직관적으로 표현해본다면 '아시아의 경기'라고도 할 수 있겠습니다.

그런데 현대의 우리가 사용하는 비디오 게임은 이 느낌이 아니지요. 이를 테면 컴퓨터 앞에 앉아 있는 아이에게 또 게임하는지를 묻습니다. 이 경우 원래는 '또 컴퓨터 게임을 하는 지'를 묻는 것이 됩니다. 만약 모바일 게임을 하고 있다면 '모바일'을 묻는 것이 되죠. 그 외로도 콘솔(게임기)이라면 '콘솔'을, 아케이드라면 '아케이드(오락실 기기)'를, '휴대용 게임기(닌텐도 스위치 등)'라면 '전용 휴대용 기기'를 표현하게 되는 것이죠.

그러나 지금은 전부 '게임'이라고 말해도 됩니다. 게임이라는 큰 개념 안에, 작은 개념으로 들어 있던 그 모든 것들이 이제는 게임이라는 큰 개념과 차이가 없을 정도로 쓰임새가 커진 것이죠. 역사적으로 볼 때 이런 경우는 종종 있습니다. 예를 들면 'Theater'는 본래 극장이라는 의미입니다. 연극, 뮤지컬 오페라, 발레 등의 극을 보여주는 장소이지요. 그런데 어느 시절부터는 대체로 영화관과 동일한 의미로 사용되고 있습니다. 본래 영화관이라 함은 Movie Theater(영화 상영관)라고 표현해야 맞는 것이지요. 그러나 이제는 극장이라고 말해도 웬만하면 영화관을 의미합니다. 이런 것은 전부 사람들이 정합니다. 그 시대를 사는 사람들이 그렇게 사용하면 그런 의미로 바뀌게 되어요. Vehicle 이라는 영단어는 본래 마차라는 뜻입니다. 100년 전에는 실제로 이 의미로 사용되었어요. 그런데 지금은 자동차를 뜻합니다. 마차는 없어졌지만 단어는 남은 것이지요.

우리가 평상시에 말하는 이 게임의 전체적 표현은 비디오 게임입니다. 비디오란 영상이지요. 영상(움직이는 사진)으로 구조화 되어 있는 모든 게임은 전부 비디오 게임입니다. 이 비디오 게임이라는 단어는 앞서 언급한 모든 플랫폼(컴퓨터, 핸드폰, 콘솔, 아케이드, 휴대용 게임기 등)을 다 포함하게 됩니다. 결국 현대는 '게임하니?'가 비디오 게임을 하는지를 묻는 말이 되는 것입니다.

그리고 또 한 가지 추가로 기억해야 할 것이 있습니다. 비디오는 기본적으로 영상이라는 의미로 그 자체가 상품(소비의 대상)이 되는 것은 아닙니다. 인간의 소비의 대상인 상품은 콘텐츠입니다. 그래서 만약 '어떤 게임을 하니?'라고 누가 물었을 때 '캔디크러쉬'라고 대답을 한다면 이는 어떤 비디오 게임 콘텐츠를 하는지를 물은 것입니다. 일상생활에서 이런 대화의 의미를 인지할 필요도 없지만 한 번쯤은 이렇게 생각해보는 시간을 가지니 나름 정리가 되는 기분이네요.

그런데 이쯤에서 잠시 멈춰봅시다. 그렇다면 과연 우리는 지금 왜 이 게임이라는 단어를 길게 알아보고 있을까요? 그것은 게이머라는 단어를 알기 위함입니다. 게이머라는 단어를 알게 되면 자연히 프로게이머라는 단어를 알게 됩니다. 프로게이머는 이 단락의 핵심 주제이지요. 지금까지의 내용을 바탕으로 이해해보면 게이머라는 뜻은 비디오 게임 콘텐츠를 즐기는 사람이라고 해석할 수 있습니다. 만약 핸드폰에 1개 이상의 게임이 깔려있고, 그 게임을 종종 한다면 우리는 게이머입니다. DFC 인텔리전스에 따르면 이 세상에 게이머가 약 37억 명 정도 있다고 합니다. 축하드립니다. 여러분은 전 세계 두 명 중 한 명에 해당하십니다. 그 중에 약 7억 명 정도는 게임 대회 영상을 보고, 3~4억 명 정도는 소비한다고 합니다. 영어로는 Enthusiast(열성 소비자)라고 표현하는데 대체로 팬이라고 다소 쉽게 번역해서 사용합니다.

올해 발표한 Newzoo의 보고서에 의하면 2026년 예상 게임 산업 규모는 약 2,050억 달러, 한화로는 275조 원입니다. 이 규모는 콘텐츠 산업 중에서는 가장 크다고 말해도 무방합니다. 2019년 통계 자료와 비교해보면 글로벌 영화 산업의 규모는 약 50조 원이죠. 이 시점, 게임 산업은 200조 원에 근접해 가고 있었습니다.

이 거대해진 규모는 오늘날 게임과 게이머라는 단어가 모두에게 익숙해진 시대를 만들었습니다. 자연스럽게 게임과 게이머로 성공할 수 있는 길도 명확하고 실체가 분명하며, 다양해졌지요. 이 책은 그 중에서도 프로게이머라는 가장 잘 알려진 정석적 모델을 총 4가지 구성으로 접근해 살펴봅니다. 서두에는 제가 이 주제의 배경과 필수 기초 지식들을 누구나 이해할 수 있도록 설명합니다. 이후 한상용 교

프로게이머를 꿈꾸는 사람들이
꼭 알아야 할 가이드 북

수가 현직 감독 활동 때에 만나고 대해 온 선수들의 에피소드를 소개하면서 주목할 만한 시사점들을 전달합니다. 이 책의 클라이막스는 박상진 기자님의 파트입니다. e스포츠 역사상 가장 성공적인 선수인 페이커 이상혁에 관한 특별한 해석이 있으니 놓치지 마시길 추천드리고요. 끝으로 유망주 및 전, 현직 선수들을 위한 프로게이머 출신 정영록 회계사의 수입 관리법으로 마무리 합니다. 끝까지 알찬 내용으로 가득하다고 말해도 무리가 전혀 없지요. 자, 그러면 이제 본격적으로 시작할까요?

— 피어엑스엘리트 아카데미 대표 구마태

구마태

- e스포츠 경력 15년차
- 한국e스포츠협회 스타크래프트 프로리그 매니저
- 프로게임단 진에어 그린윙스 사무국 과장
- 문화체육관광부 e스포츠 명예의 전당 구축운영총괄
- 現 e스포츠연구개발원 대표
- 現 피어엑스엘리트아카데미 대표

e스포츠의 위상과 프로게이머의 세계

e스포츠, 이름이 가진 의미

1990년도 말에 스타크래프트라는 새로운 게임이 출시되었습니다. 스타크래프트는 네트워크상에서 1:1 또는 다수:다수 대결을 할 수 있는 게임이었습니다. 물론 그전에도 이와 같이 대결을 할 수 있는 게임이 전혀 없었던 것은 아니지만, 수작과 시대가 잘 맞물려져 게임 역사상 기념비적인 문화 현상을 남긴 작품이 되었던 것입니다. 이후 광케이블이 깔리고, PC방이 생겨나고, IT 붐이 일어나고, 개인용PC가 더 빠르게 보급되었습니다. 시대가 영웅을 만들지만 영웅이 있기 위해서는 시대가 있어야 한다는 말의 의미를 여기서도 적용할 수 있네요. 많은 사람들이 참여했고, 이에 당연히 이기는 사람과 지는 사람이 있었습니다. 당연히 잘하는 사람과 못하는 사람으로 나뉘게 되었죠.

잘하는 사람과 못하는 사람으로 나누었지만 그들에게는 '더 잘하고 싶다'는 공통적인 특징이 있었습니다. 왜냐하면 이 게임이 너무 재미있었거든요. 우리가 스포츠를 하거나 스포츠를 볼 때 그 자체로도 재미있습니다만, 이기면 더 재미있습니다. 반대로 지거나 내가 응원하는 팀이 지면 세상 우울하지만, 지는 것에도 여전히 가치는 있습니다. 다음 판에는 이길 희망이 있으니까요.

우리는 게임에서 스포츠와 같은 원리를 발견했습니다. 마치 지하철에서 본 그 고등학생의 미소를 보면서, 응원하는 팀이 이기고 있는 것을 추측해 볼 수 있는 것과 같습니다. 그 학생은 페이커 선수의 멋진 플레이를 보면서 아마도 '이 맛에 내가 이 팀을 응원하고 있지!'라고 생각할 것입니다. 사람들은 그때부터 누가 게임을 더 잘하는지를 정교하게 구조화한 것을 대회라고 불렀습니다. 그리고 그 개념을 e스포츠라고 정했어요. 여기서 이(E)는 일렉트로닉(전자)의 약자인데, 전자(기기)를 줄여서 사용한 것입니다. 앞에서 언급한 기기(컴퓨터, 핸드폰, 콘솔, 아케이드,

휴대용 게임기 등) 전부를 아울러요. 따라서 쉽게는 '비디오 게임 스포츠', '사이버 스포츠'라고 불러도 무방합니다.

'e스포츠'가 플랫폼(기기)을 강조한 표현이라면 '사이버 스포츠'는 공간을 강조한 표현이지요. 어떤 플랫폼(*전자 기기)을 사용하는지, 어떤 공간에서 스포츠를 펼치는지에 따라 단어가 약간씩 바뀌죠. '버추얼 스포츠'라는 표현도 올림픽 위원회에서 자주 사용되는데요, e스포츠 중에서 올림픽에 도입을 추진하는 부분을 살펴보면 전통 스포츠를 가상의 세계에서 펼치는 형태가 대부분입니다. 그 외로도 'Competitive Gaming(경쟁적 게임 활동)'라고 표현하기도 해요. 이 모든 표현의 공통점은 콘텐츠를 통해 하는 활동이라는 점이죠.

여기까지 읽으시느라 수고 많으셨습니다. 중간에 약간 지루하셨을 수도 있는데 잘 버티셨습니다. 이제 본격적으로 프로게이머라는 단어가 등장하게 됩니다. 우리는 지금 자신 스스로, 또는 우리 아이가 앞으로 이 프로게이머라는 직업을 선택하게 될지도 모릅니다. 그래서 이 책을 보고 있는 것이지요. 그리하여 적어도 한번은 시간을 내어 이와 같이 배경을 알아보는 시간을 가져야겠습니다.

나는 프로게이머가 될 거야!

밥 먹으러 나오라는 말에 아무런 대답이 없는 아이가 있습니다. 그런 아이에게 컴퓨터를 확 없애버리겠다고 말해 본 기억이 있으신가요? 어쩌면 그 아이는 대화 중에 프로게이머가 될 거라고 소리쳤을 수도 있습니다. 아이는 게임 중에는 도저히 중간에 끊을 수 없는데, 게임을 못하게 하려는 엄마에게 엄포를 놓고 싶었을 수도 있습니다. 우리에게 왜 이런 시련이 있는 것일까요? 밥은 같이 먹는 것이고, 당연히 마칠 때까지 해야 하는 게임일 뿐인데 말이지요.

보통의 게임은 팀 게임입니다. 이해하기 쉽게 아이의 입장에서 풀어 설명하자면, 마치 옆 반과 축구 시합 중인데 엄마가 밥 먹으러 오라고 말하는 것과 같습니다. 남아 있는 다른 친구들을 생각하니 내게 맡겨진 이 사회적 책임을 버리고 떠날 수가 없는 것이지요. 공간이 운동장이 아닌 사이버로 바뀐 것 말고는 아무것도 다르지 않습니다. 아이는 자신이 당연히 이해를 받아야 하는 존재라고 생각합니다. 축구 시합 중에 돌연 나올 수 없다는 것과 같이 이렇게 당연한 것을 엄마는 왜 모르는지 답답해 합니다. 그런 것을 말을 해줘야 되나 생각할 수 있지요.

이제 엄마의 입장에서는, 게임은 그저 놀이인데 거기에 너무 빠져서 많은 시간을 보내는 아이가 걱정이 되었을 수 있습니다. 엄마는 아이가 한 번도 자세하게 설명을 해주지 않았기 때문에 알 수가 없습니다. 혹은 이유가 있을 것이라거나 무언가 알아봐야 하는 것이 있을 거라고 생각을 해본 적도 없을 수 있습니다. 그런데 보통 게임을 해보지 않은 사람이 게임의 속성에 대해서 안다는 것은 애초에 말이 되기 어렵습니다.

그래서 이 상황 속에 빠지면 우리의 대화는 늘 행동과 행동의 변화 촉구(결과)에만 초점이 맞춰져 있습니다. 엄마는 '하지 마라!', 아이는 '싫다!' 이런 상황인 것이지요. 강도는 다르겠지만 이것이 우리의 현실입니다. 만약 우리가 프로게이머를 지망한다면 지금보다는 더 높은 수준으로 이 분야를 알고 있어야 효과적으로 설득할 수 있을 것입니다. 그렇지 않다면 프로게이머라는 말은 마치 외계어처럼 허공을 울리는 단어가 될 뿐이지요. 부모라면 더 많이 알거나 혹은 적어도 아이와 같은 수준으로 알고 있어야 대화가 될 것입니다. 그래야 아이와 진지하게 대화를 할 수 있습니다.

부모님과 사회로부터 가치를 인정 받지 못한다는 것은 또 다른 불편함을 줍니다. 하루 종일 게임만 하면 자연적으로 프로게이머가 될 수 있을 것 같지만, 가만히 앉아 손가락을 움직이는 활동만으로 비춰지는 것이 좋은 평가를 받기에는 무리가 있으니까요. 그런데 프로게이머를 지망하는 친구들 중에서도 언제가 될지는 모르지만, 게임만 꾸준히 하면 실력이 자연히 쌓이고 프로게이머가 자동적으로 되어있을 것으로 생각하는 경우가 있습니다. 그런데 사실 이런 생각을 한 것도 대단한 것일 수도 있어요. 더 심각한 경우에는 그저 아무 생각 없이 게임을 합니다. '되면 좋고 아님 말고'와 같은 생각조차도 없다는 뜻입니다.

이렇게 되면 '게임을 하는 행동'과 '프로게이머'는 본질적으로 서로 아무런 상관이 없는 것이 됩니다. 게임을 위한 수단으로의 '프로게이머'가 되는 것 이상이 될 수 없기에 그 활동 자체가 특별한 목적의식을 보여 줄 수 없지요. 자연히 설득력을 가질 수가 없습니다. 더욱이 이와 같은 방식의 커뮤니케이션은 오히려 본래 프로게이머가 가지고 있는 가치를 훼손시킵니다. 우리가 존경하는 페이커 이상혁 선수 등이 현재 하고 있는 그 귀한 활동(* e스포츠)을 온전히 보여주고 있는 것이 아니기 때문이지요. 부모님이 프로게이머라는 것 자체를 싫어하게 할 수 있다는 뜻입니다. 우리는 프로게이머에 매진하기 전에 반드시 이 문제를 먼저 해결해야 합니다.

앞에서 설명한 바와 같이 잘하는 사람이든 못하는 사람이든 게임을 더 잘하고 싶어 합니다. 잘하는 사람은 잘한다고 소문난 다른 사람들과 시합을 하고 이김으로써 자기가 이 세상에서 제일 잘한다는 것을 증명하고 싶어합니다. 못하는 사람들은 당장의 친구를 이기기 위해서 또는 사이버 세상에 있는 누군가를 이기기 위해서 게임을 배우고 싶어하지요.

게임을 배우는 가장 효과적인 방법은 게임을 잘하는 사람들의 게임 플레이를 보는 것이었습니다. 물론 본다고 해서 전부를 똑같이 따라 할 수 있는 것은 아니었습니다. 그러나 보는 순간 배움은 일어나고 자신과의 차이도 발견하게 됩니다. 성장함과 동시에 그런 플레이를 할 수 있는 사람들을 경외심을 가지고 바라보게 됩니다. 인기는 부와 명예를 가져왔습니다. 여기까지 보면 정말 너무 흡사한 무언가 딱 떠오르시지 않나요? 네. 바로 스포츠입니다.

이때부터 세상은 이 인기를 바탕으로 부와 명예를 가진(혹은 가질) 사람들이 오직 게임만 해도 될만큼 탄탄한 구조를 만들어 가기 시작했습니다. 대회는 더 완성도 높은 시스템을 갖추고 조직적으로 구성되었습니다. 지역에서 국가로 국가에서 세계로 영역도 계속 확장되었습니다. 몇 명만이 구경할 수 있었던 스튜디오에서 몇만 명이 들어가는 경기장에 이르기까지 규모도 계속 커져 갔습니다. 더 많은 전문 인력들이 투입되고 더 짜임새 있는 콘텐츠가 만들어졌습니다. 이후 이것들은 콘텐츠를 좋아할 대상자인 잠재적 소비자에게 더 신속하고 정확

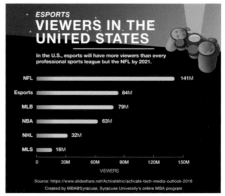

하게 도달했습니다. 그렇게 오늘날 전 세계 약 7억 명, 그 중 팬이 3~4억 명 정도 되는 괄목할 만한 성장을 이루게 됩니다.

2018년 자료이긴 합니다만, 이 이미지는 e스포츠의 시청률을 미국 5대 스포츠 와 비교하고 있습니다. 이미지를 보는 즉시 NFL(미식축구) 다음으로 위치하고 있 는 것을 알 수 있습니다.

프로게이머가 가진 위상은 날이 갈수록 높아지고 있습니다. 그러면 얼마나 많 은 사람들의 관심을 받는지, 또 이 일을 할 때 얼마의 소득을 올릴 수 있는지가 궁 금합니다. 페이커 이상혁 선수는 최근 중국팀에게서 245억 원의 연봉 제안을 받 았다는 말이 있습니다. 정말 놀라운 일입니다.

한 조사 기관에 의하면 Z세대의 가장 관심있는 주제는 유명해지는 것이라고 합니다. 유명해지는 것이 곧 존재를 드러내는 길이자 또 사회로부터 가치를 인정 받는 것이라고 판단한다는 뜻입니다. 그래서 SNS 등에 여러 포스팅을 하고 또 그 외 자신을 알리는 여러 소재들을 적극 활용합니다. 반대로 그렇지 못하면 쉽게 남 과 비교를 하고 우울감에 휩싸이거나 자괴감에 빠질 수도 있지요. 이런 현상들은 Z세대 이하인 알파 세대에서는 더 크게 작용합니다. 앞으로의 세대에서는 더 심 화될 것을 쉽게 예측할 수 있겠습니다. 물론 오늘 우리는 이러한 현상에 대해서 옳고 그름을 주장하려고 하는 것은 아닙니다. 그런 사회적 분위기 속에 아이들이 있다는 것과, 그 속에서 아이들이 어떤 가치관에 지배를 받고 있는지 확인하는 것 이지요. 다만 전반적으로 아이들은 이 세계에 관해 우리보다 정보가 빠릅니다. 만 약 우리가 부모라면 노력을 해야 아이를 따라갈 수 있습니다.

프로게이머는 다른 말로는 유명해지는 길입니다. 아이들에게는 유튜버와 동 일한 의미를 지닙니다. 늘 그런 것을 보기에 그런 사람들이 되고 싶어하는 것입 니다. 유튜버는 방송인(혹은 연예인)이라고 할 수 있습니다. 이들은 모두 광고 수

익으로 움직입니다. 방송인에게는 연예기획사가
있듯이, 수익 활동을 대신하는 대행사가 있지요.
유튜버의 경우에는 MCN이라고 부릅니다. 스포
츠의 경우는 에이전시이죠. 연예기획사와 MCN,
에이전시, 모두 하는 일과 수익 활동은 본질적으
로 다르지 않습니다. e스포츠 또한 팀 단위로 움
직이며, 그 외는 모든 것이 동일합니다. 아이들
이 프로게이머가 되고 싶어 하는 이유는 유명해
지고 싶어서라고 언급했습니다. 자신이 잘하고
좋아하는 일로 유명해져서 세상의 발전에 공헌하
고 사회적으로 가치를 인정받고 그에 상응하는
수익을 얻는 것이 목적입니다. 따라서 이 본질
자체는 그릇된 것이 아닙니다.

프로게이머 페이커 이상혁 선수는 많은 대회
에서 수많은 사람들에게 오랫동안 깊고 진한 감
동을 선사했습니다. 많은 팬들이 선수 따라 같이
울고, 선수 따라 같이 웃었습니다. 이처럼 인간
에게 가치란 행복입니다. 행복을 전했다면 가치
를 전한 것이지요. 정리하면 페이커 선수를 보면
서 감동을 받으면서 자란 아이가 그 선수처럼 되
고 싶은 것은 오늘날의 현상을 잘 비춰주는 거울
이라고 할 수 있겠습니다.

이제 챕터를 정리하면서 한 가지 특별한 메
시지를 전하고자 합니다. 현재 우리 분야의 많은
사람들이 자신의 어린 시절을 비춰 e스포츠와 프

프로게이머를 꿈꾸는 사람들이
꼭 알아야 할 가이드 북

로게이머를 조명하곤 합니다. 공공연하게 '프로게이머가 되고 싶다' 말하는 유망주들에게는 어느 정도 인정할 만한 지식을 전한다고 할 수 있습니다. 그런데 제가 올해 나름 중2병을 앓고 있는 실제 중학교 2학년 학부모가 되어보니 부모의 관점에서도 이 문화현상을 해석하고 전할 필요를 느꼈습니다.

아직 자신을 드러낼 수 없는, 부모를 설득하지 못한, 여러 유망주들은 도움이 필요합니다. 이 책은 프로게이머 지망생을 위함과 동시에 그 지망생을 자녀로 둔 부모님을 위한 글입니다. 이제부터 보다 더 구체적으로 알아보는 시간을 가지려 하니, 끝까지 책을 손에 놓지 않았으면 하는 바람입니다. 알아 두어야 할 내용들이 아직 많이 기다리고 있으니까요.

chapter 2

프로게이머 이후의
다양한 경력관리

프로게이머의 세계

우리 업계에는 이런 이야기가 있습니다. e스포츠 경기를 얼마나 많이 보았다거나, 게임을 얼마나 사랑하고 지금도 해오고 있는지 등을 밝히는 것은 취직에는 큰 도움이 안 된다는 내용이지요. 예를 들어 어떤 팀에서 SNS 전문가를 모집한다면 SNS에 관해 어떤 전문 지식을 가지고 있고 또 실제로 해왔던 활동들이 취직에 도움이 됩니다. 게임을 오래 해 왔고, 팀에 대해서 잘 알고, 리그를 꾸준히 본 것은 도움이 되긴 합니다. 다만, 직접적으로 그 업무를 잘할 수 있는지를 증명하는 도구가 되지 못할 뿐이지요.

프로게이머도 동일합니다. 하나의 직업이라고 생각한다면 자신이 게임을 잘한다는 것을 증명해야 합니다. 게임을 잘한다는 것은 크게 두 가지로 나뉩니다. '지금 잘하는 것'과 '앞으로 잘 할 가능성이 있다는 것'. 만약에 이 책을 보는 독자님 중에 위 두 가지 중 하나에 해당한다면 프로게이머가 될 수 있습니다.

게임을 잘 한다는 것	지금 잘 하는 것
	앞으로 잘 할 가능성이 있다는 것

그렇다면 게임을 어느 정도 잘 해야 하는지가 궁금합니다. 결론적으로 말씀드리면 '아주 잘 해야' 합니다. 서울대, 연세대, 고려대를 합치면 연간 입학생 수가 1만 2천 명 정도 됩니다. 한해 수능 응시자가 약 50만 명 정도 되는데, 대략 계산을 해도 2%정도면 합격한다고 할 수 있겠습니다. LoL은 국내 활성화 계정이 약 300~400만 개 정도 된다고 알려져 있습니다. 발표 이후 줄었을 것 같긴 합니다만, 일단은 300만 개로 계산해 보겠습니다.

곧 말씀드리지만 이 논리는 숫자 정확도와 크게 상관이 없습니다. LoL의 가장 상위 티어는 챌린저입니다. 그런데, 이 챌린저의 분포는 0.01%로 매우 낮습니다. 복수 계정이 있을 수 있어 조금의 오차는 있겠으나, 총 300명이지요. LoL은 총 10개의 1부 리그 팀이 있습니다. 각 팀에는 5명의 선수가 있고, 전부 합하면 총 50명입니다. 여기까지 단순 계산을 해보면 0.0016%군요. 그럼, 질문을 하나 해 보겠습니다. '여러분의 티어는 어디십니까?'

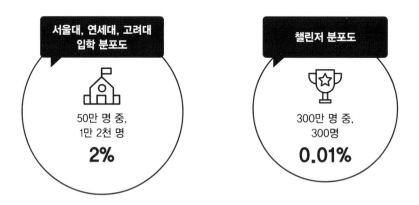

한 가지 더 재미있는 것은 대학교는 입학한 사람과 더이상 경쟁하지 않는다는 점입니다. 입학을 했기 때문에 시험을 더이상 보지 않기 때문입니다. 그러나 LoL은 그 선수가 더이상 게임을 하지 않는 날이 오기 전까지는 계속 경쟁해야 합니다. 다시 말해 지금 0.0016% 내에 들어간다는 뜻은 대학교 입학시험을 치르는 2%와 같은 의미가 아닙니다. 잘하는 사람이 계속 쌓이고 매년 새로 등장하는 구조입니다. 물론 신규 게이머가 진입하기 때문에 대학 입시보다 어렵다고 확언할 수는 없지만, 다 차치하더라도 단순히 0.0016%가 주는 압박감은 그저 놀랍습니다. 이 현실을 모르고서는 진전있는 대화는 어렵습니다.

이제 주변에 있는 친구들보다 게임을 잘한다고 해서 프로게이머가 될 수 있는 것이 아니라는 것을 알게 되었습니다. 여기서 재미있는 점이 하나 더 있습니다. 여러 선수들의 인터뷰를 보면 실력보다 노력이 더 중요하다고 말하고, 많은 친구

들은 여기서 희망을 얻습니다. 이를 테면 노력을 하면 될 것으로 인지하고 있는 것이지요. 그래서 지금은 티어가 낮지만 하루 종일 게임을 하면 될 수 있을 것으로 생각합니다. 그러나 실제 프로 선수들은 그렇게 생각을 하지 않습니다. 프로 선수에게 하위 티어에서의 실력 차이와 상위 티어에서의 실력 차이 중에 어느 것이 더 극복이 가능한가를 물으면 100명 중 100명은 전부 하위 티어라고 말을 합니다. 다시 설명하면 아이언 티어에서 다이아 티어에 올라오는 것이 같은 챌린저에서 아주 작은 단계의 더 높은 챌린저가 되는 것보다 더 쉽다는 뜻입니다.

프로는 높은 단계에 올라갈수록 더 심하게 극복할 수 없을 정도의 실력 차이를 느낀다고 합니다. 우리 눈에는 하위 단계의 챌린저와 높은 위치에 있는 챌린저 간에는 거의 실력 차이가 없을 것이라고 생각합니다. 그런데 실제로 그 세계에 있는 선수들은 그렇게 느끼지 않는 것 같습니다. 그러면 많은 프로게이머들이 왜 노력을 강조하는지가 의문입니다. 그 노력에 관한 이야기는 이미 재능의 검증이 끝난 대상에 대해서 하는 이야기입니다.

실력의 향상은 커녕, 유지도 할 수 없다는 것을 강조하는 것입니다. 업계에 있다 보면 재능이 있는데 노력을 하지 않는 경우가 꽤 있습니다. 그리고 실제 프로게이머들은 그런 친구들을 눈으로 봅니다. 재능이 있는 친구들만이 테스트를 받으니까요. 반대로 보면 프로게이머의 세계에서는 재능이 없는 친구들을 구조적으로 보기가 어렵습니다. 그래서 노력에 관한 이야기가 재능은 담보로 두고 하는 이야기라는 것이 되는 것이지요. 결국 이 경우가 아닌 상태에서는 애초에 프로게이머를 지망한다는 것 자체가 의미가 없다고 판단하게 됩니다.

대학 입학을 예로 들었습니다만, 입학이 곧 직업이 되는 것은 아니지요. 프로게이머에 대한 비유는 대학보다 더 직관적인 것이 있습니다. 바로 자격증입니다. 사회에서 특정한 일을 수행하기 위해서는 자격증이 필요합니다. 그 자격을 가진 사람들만 그 일을 할 수 있습니다. 그렇게 구조화했기 때문이지요. 변호사와 의사가 대표적입니다. 그런데 프로게이머는 스포츠 선수이기 때문에 자격의 성격과 같은 것으로 증명할 것이 없습니다. '올해는 프로가 되지 못했지만 내년에는 될 거야'라는 다짐에는 인과관계가 별로 없습니다. 이런 설명들은 진지하게 프로게이머를 도전하는 많은 지망생들에게 큰 울림을 줍니다. 내가 현실적으로 무엇에 도전하고 있는지를 알게 되기 때문입니다. 지금 팀에서 활약하고 있는 에이스들의 많은 숫자가 5년 이상 프로게이머 생활을 해왔습니다. 그들을 이기지 못하면 그 자리에 갈 수 없습니다.

여기에 가장 근접한 사람들이 있습니다. 현재 2군에서 활동하는 선수들입니다. 리그오브레전드의 경우 2군까지는 프로 선수라고 판단할 수 있습니다. 최소 연봉을 보장받고 활동하게 됩니다. 이 2군 선수들의 대부분의 데뷔 나이는 10대 후반에서 20대 초반입니다. 아래 이미지에서 '쇼메이커'(허수) 선수는 정확히 이 부분을 지적하고 있어요. 만약 우리 나이가 20살 안팎이라면, 게임 속 나의 위치를 다시 확인해보는 것이 좋습니다. 최정상급 선수들과 매우 근접한 위치에 있다면 프로게이머가 되는 것에 관해 나름 명확한 선택이 될 가능성이 높다고 판단해 볼 수 있습니다. 그러나 그렇지 않다면 전략의 수정이 필요합니다. 그런데 쉽지 않습니다. 처음부터 플랜B에 관한 계획이 없는 경우에는 꿈을 버리지도 못하고 그렇다고 해내지도 못한 상태가 될 가능성이 높습니다. 그래서 우리에게는 바른 지식이 필요합니다.

프로게이머가 되는 방법은 과거와 현재가 별로 다르지 않습니다. 북미의 유명 e스포츠팀인 팀 리퀴드의 CEO 빅터 구센은 인터뷰에서 다음과 같이 언급합니다. "업계에서 일을 하다 보면 가끔 가파르게 랭크가 올라오는 게이머를 볼 때가 있다. 그런 경우 우리는 그 친구와 직접 연락을 한다. 그리고 실제로 만나서 그 친구가 게임을 하는 것을 본다. 이 경우 일반 게이머들은 대부분 본 적이 없고 도저히 알 수도 없는 놀라운 플레이를 하는 것을 목격하게 된다." 실제로 과거 필자가 사무국 시절에 신규 연습생 인터뷰를 해보면 '몇 달 전에 사촌 형이 가르쳐줘서 한 판 해봤는데 재미있어서 그 이후에 좀 했더니 챌린저가 되었다'는 경우가 종종 있었습니다.

어떤 아이들은 아무리 노력해도 그랜드 마스터 이상을 올라가지 못합니다. 그런데 어떤 아이들은 챌린저 아래로는 내려온 기억이 별로 없죠. 씁쓸하지만, 재능입니다. 그리고 이 재능이라는 것은 '낭중지추', 주머니 안 송곳과 같아서 세상이 모르려고 해도 모를 수가 없습니다. 더욱이 오늘날과 같은 랭크 시스템 내에서는 더욱이나 그러합니다.

그랜드 마스터로 세월을 보낸 후에 프로게이머가 되는 케이스가 없다는 언급을 하려는 것이 아닙니다. 한두 가지 경험을 가지고 세상을 정의하는 것은 매우 위험하기 때문입니다. 또한 이 책에서 그렇게 이야기를 해야 할 필요도 없습니다. 프로게이머가 되기 어렵다는 말은 프로게이머를 포기하게 만들기 위함이 아닙니다. 오직 어느 정도 진지하게, 또 얼마나 깊은 배경 지식을 바탕으로 도전을 하고 있는가를 점검할 필요가 있다고 강조하려는 것입니다. 또한 프로게이머를 목표로 매진하였지만 프로게이머가 되지 못한다고 해서 인생을 실패했다는 개념이 성립될 수 없음을 알리고 싶습니다.

인생은 길고 우리는 아주 잠깐의 세월을 보냈습니다. 바른 지식은 우리를 또 다른 길로 안내합니다. 그래서 저는 프로게이머를 지망한다면 당당하게 도전하라고 주문합니다. 이 책은 그 도전의 가치를 전하기 위한 목적으로도 쓰여졌습니다.

연습생이 되고 실력을 인정받아 2군이 되면 곧 데뷔를 할 수 있을 것 같습니다. 그러나 이 대화에서 보면 그렇지 않아 보입니다. 데뷔하는 방법 좀 알려 달라고 하는 선수는 2023년 월드챔피언십 우승자 '구마유시'(이민형) 선수입니다. 2018년 솔로랭크에 혜성같이 등장한 후 2019년 케스파컵에서 데뷔한 이 선수는 2022년이 되어서야 T1의 첫 단독 주전이 됩니다. 엘리트 중에 엘리트 코스입니다.

그렇게 1군이 되어야 이제 프로게이머로서의 명성이 높아지기 시작합니다. 그러나 그래도 아직 페이커 선수의 명성에는 미치지 못합니다. 차세대 스타이지만 같은 나이대의 당시 페이커 이상혁 선수와의 명성과 비교하면 오히려 낮다고 할 수 있습니다.

만약 1군에 데뷔했다고 가정해 봅시다. 그러나 한 시즌 만에 혹은 한두 게임 만에 바로 다른 선수로 교체되는 경우도 심심치 않게 발생합니다. 잘하는 선수들이 그 자리를 오랫동안 지키고 있다면 구조적으로 데뷔한지 얼마 되지 않은 선수들이 더 쉽게 자리를 내어주는 경우가 생기게 되는 것입니다. 데뷔하는 선수들이 받는 기대는 사실상 지금 잘하는 선수들을 이기는 것뿐이니까요.

실제로 페이즈라는 선수는 데뷔하자마자 아주 좋은 인상은 남겼습니다. 결국

당시 독보적으로 이름을 날리고 있었던 '룰러'(박재혁) 선수의 자리를 받았다고 할 수 있겠습니다. 그런데 다른 유명 선수들이 올해도 그 자리에 있는 것을 보고 있다면 누군가는 증명하지 못하고 기억조차 남기지 못한 채 물러났다는 이야기가 됩니다. T1의 미드라이너 자리는 '페이커'(이상혁) 선수입니다. T1의 미드라이너가 되고 싶으면 페이커 선수를 넘어야 합니다. 그렇지 않으면 그 자리에 있을 수 없습니다. 단순한 논리입니다.

많은 선수들이 20살 안팎에서 데뷔합니다. 그리고 3년을 프로 생활을 했다고 가정해 보겠습니다. 그러면 이제 23살이 됩니다. 페이커 이상혁 선수는 1996년생으로 올해 27살입니다. 현역 중에서는 가장 나이가 많은 선수 중에 속합니다. 우리는 이상혁 선수가 언제까지 활동을 할지 알 수는 없습니다. 그러나 확실한 한 가지는 알고 있습니다. 그것은 이상혁 선수처럼 장수하는 프로게이머가 많지 않다는 것입니다. 겨우 27살이 장수한 프로게이머냐, 의아하실 수 있습니다. 야구나 축구의 경우에는 40살이 되어도 현역으로 활동하는 선수들이 가끔 있습니다. 이 기준에 의하면 27살은 너무 어린 나이죠. 그렇게 힘들게 연습생이 되고 이후에 또 노력해서 프로가 되었고 프로가 되어도 겨우 한 시즌 밖에 못 뛰는 경우도 발생하는데, 성공적이라고 말하는 프로게이머도 27살이면 장수한 프로게이머라고 평가받는 곳이라면, 사실 어떤 분들에게는 매력이 있는 곳이라고 받아들이기 쉽지 않을 수 있습니다.

그러나 반대로 프로게이머보다 전성기가 더 빠르게 찾아오는 스포츠도 있습니다. 체조나 피겨스케이팅과 같은 종목이지요. 지금도 많은 유망주들이 그 분야의 최고가 되기 위해서 노력을 합니다. 그래서 단순 기간 비교는 설득력이 약합니다. 따라서 더욱 근본적인 접근이 필요하지요. 결국 지금 다루고 있는 것은 본질적으로 프로게이머 수명이라는 주제가 되겠습니다. 그리고 그 속에는 언제나 기회비용이 포함되어 있다는 것에 주목해야 합니다. 선수들이 모든 활동 기간 동안 벌어들인 수익은 은퇴 후 버틸 만큼 대부분 크지는 않으나, 수익 자체는 또래와 비교했을 때 높은 연봉일 수 있습니다. 가치를 판단하는 것은 개인의 몫이지만, 단순히 프로게이머의 수명이나 수익만 따지기에는 더 많은 것들도 고려해보아야 합니다.

더 많은 정보가 공개되지 않고 산업이 발전하지 않았던 과거에는 프로게이머가 되기 전까지는 모두가 혼자서 게임을 배우는 수밖에 없었습니다. 따라서 배워서 잘하게 된다는 개념 자체가 거의 없었습니다. 제가 여기서 분명한 한 가지를 언급 드리면 배워서 잘하게 되는 것도 재능입니다.

배운다고 해서 할 수 있는 것이 아닙니다. 옛말 중에 하나를 가르쳐주면 열 가지를 안다가 있습니다. 어떤 유망주는 그 하나를 배워야 합니다. 결국 배워야 알게 되는 경우에 속한 유망주들에게는 가르쳐주는 사람이 있어야 합니다. 그러면 재능이 발휘되는 것입니다. 스포츠도 동일합니다. 그렇지 않았다면 FC바르셀로나와 같은 팀에 '유스'가 존재해야 할 필요가 없는 것이지요. 혼자 하는 것보다는 대게 배우는 것이 훨씬 빠르고 정확합니다. 이유는 명확합니다. 시스템적이기 때문입니다. 어느 누구도 스스로 깨우치는 것에는 한계가 있습니다. 그러나 이제는 연습생이 되기 전이라도 누구나 언제든 배울 수 있게 되었습니다. 유망주를 양성할 수 있는 교육 기관이 많아졌기 때문이지요.

재능이 있으면 배우지 않아도 안다고 말을 할 수 있습니다. 그러나 그 말도 곧 현실에 두고 보면 틀린 말입니다. 만약 그렇다면 위에서 언급한 바와 같이 연습생

제도도 시절도 필요 없어야 맞지요. 누구나 즉시 데뷔하면 됩니다. 또한 프로에게 코치나 전력분석관이 필요 없습니다. 재능이 있으면 그냥 알게 된다는 설명이라면 이들에게 여러 스태프들이 필요한 이유를 찾을 수가 없습니다. 그러나 오늘날의 팀들이 그러한가요? 전혀 그렇지 않습니다. 오히려 스태프들의 숫자는 늘어갑니다. 중국 팀들은 우리나라와 비교했을 때 더 많은 스태프를 고용하고 있습니다. 이유는 무엇인가요? 배워야 되기 때문입니다.

인간의 시간은 한계가 있습니다. 자고 있는 시간에는 타 메이저 리그의 경기의 분석을 할 수 없습니다. 연습을 하고 있는 동안에는 신규 챔피언에 관한 연구를 할 수 없지요. 누구나 한 번에 하나만 할 수 있습니다. 그러나 선생이란 초월의 의미입니다. 나의 시간을 세이브 할 수 있습니다.

프로팀에 속한 코칭스태프는 소속 선수에게 아무것도 보장하지 않습니다. 오직 가지고 있는 지식을 전하는 것과 팀으로부터 맡겨진 해야 할 일에 관해서만 책임을 지지요. 이런 점은 아카데미도 마찬가지입니다. 아카데미의 코치들은 소속 학생들의 프로게이머 달성을 보장하지 않습니다. 그곳으로 가는 과정에서 필요한 지식을 전달하며, 정확한 지식과 과정과 현실을 학생에게 알리며 프로게이머를 지망함으로써 알게 되는 지식과 활동을 통해 얻게 되는 경험으로 또 다른 길을 찾아갈 수 있도록 돕고 있습니다.

대부분의 프로게이머들은 게임을 하는데 인생의 대부분의 시간을 보냈습니다. 따라서 아는 분야, 또 익숙한 환경에서 계속 활동하고 싶어 합니다. 그래서 이 주제에 관해 말을 할 때 보통은 코치가 되는 방법이 있다고 말합니다. 다만 제한적으로만 그 선택을 받게 되지요. 각 프로팀의 감독 코치 자리는 한 자리를 넘지 않습니다. 대학팀에서 코치로 근무하는 경우도 있습니다. 최근에는 사정이 좀 나아졌습니다. 온라인 강의 플랫폼에서 수업을 하거나 혹은 아카데미 강사를 지원하는 방법이 생겨났습니다. 은퇴 선수들에게 좋은 기회가 제공되는 것이죠. 특별히 후학 양성에 뜻이 있는 친구들이 있습니다. 펩 과르디올라 맨체스터 시티의 감독은 현역 시절에도 뛰어난 선수였지만 오늘날의 메시나 호날두 같진 않았습니다. 그러나 감독으로 전향하고 이적해 가는 모든 최상위 리그들에서 전무후무한 기록을 남기면서 최고의 자리에 올랐습니다. 이처럼 가르치는 것에 더 큰 재능을 보이는 친구들이 간혹 있습니다.

이제 우리는 '열심히 솔로랭크해서 실력을 쌓은 뒤 팀의 눈에 들어와서 연습생 테스트를 보고 통과해서 프로게이머가 되세요'와 같이 무미건조하게 길을 안내하는 곳에는 더 이상 귀를 기울일 필요가 없을 것 같습니다. 현실은 그렇지 않으니까요. 그러나 우리는 실상이 그렇다고 하더라도 여전히 프로게이머의 길을 포기하기 어렵습니다. 이유는 거의 유일하게 내가 좋아하고 또 잘하는 것이 이것인데 이제 와서 쉽게 포기할 수 없기 때문이지요. 그렇다면 저에게 길을 묻는 유망주들에게 저는 과연 어떤 대답을 하고 있을까요? 결론부터 말씀드리면 저는 도전하라고 말합니다. 이유는 다음 챕터에서 설명하겠습니다.

chapter 3

참된 도전의 가치

참된 도전의 가치

프로게이머가 되려는 유망주이거나 혹은 부모라면 가장 궁금한 것은 항상 동일합니다. 바로 '페이커와 같은 선수가 될 수 있는가?'이지요. 그래서 우리는 이런 질문을 현장에서 근무하는 사람에게 묻거나, 선수에게 묻습니다.

그런데 이를 업계인에게 묻는 것은 조금 핀트가 어긋납니다. 예를 들어 서울대학병원에서 근무하고 있는 과장 의사님에게 서울대학교 의대에 갈 수 있을지를 묻는 것이에요. 의사 선생님은 개인의 상황에 맞게 살아온 흔적은 있을 것입니다. 그러나 그 흔적이 범용적이거나 혹은 상담 온 개인에게 맞춤형은 아닐 겁니다. 현직 의사는 의과 대학 입시 전문가가 아닌 것이지요. 그런데 학교 선생님이라면 이야기가 다릅니다. 상대적으로 훨씬 더 이런 종류의 질문을 받아봤을 것을 예측할 수 있습니다. 따라서 고민도 많이 해보셨을 것 같고요. 그 결과 관련된 지식도 더 많으실 것입니다.

그럼 우리는 이제 선수를 찾아갑니다. 예를 들어 김기인 선수에게 질문할 수 있습니다. '프로게이머가 되려면 어떻게 해야 하나요?' 질문과 그 질문을 받는 대상에 대해 전혀 이질감이 느껴지지 않습니다. 그러나 이 선수는 이렇게 대답할 수 있습니다. '프로게이머가 너무 되고 싶어서 새벽에 한 프로게임단 숙소를 찾아가 문들 두드렸습니다.' 개인의 독특한 경험을 바탕으로 이야기를 한 것이지요. 이유는 스스로 프로게이머가 된 경험 밖에 없기 때문입니다. 물론 그 대답이 우리에게 울림을 줍니다. 감동할 수도 있습니다. 그러나 그와 동시에 김기인 선수와 나는 서로 다른 인생이라는 것도 알게 됩니다. 김기인 선수가 그 새벽에 문을 두드려서 프로게이머가 된 것은 대단한 일이지만 내가 똑같이 그렇게 한다고 해서 프로게이머가 되는 것은 아닌 것을 아는 것이지요. 결론적으로 프로게이머가 되었다고 해서 프로게이머가 되는 방법 전체에 대해서 잘 아는 것이 아닙니다.

계속 파고파고 더 깊은 곳으로 내려가 보면 김기인 선수는 재능이 있었고 프로게이머가 될 자질을 이미 갖추었다는 결론에 도달할 수 있습니다. 이럴 경우 단지 이 에피소드로 인해 감춰진 원석이 드러나게 된 것뿐이라는 것을 알게 됩니다. 결론적으로 이야기 자체는 가치가 있으나 나에게 적용할 수 없습니다. 그러면 이제 궁금합니다. '나는 과연 원석일까!'

배워서 보석이 되는 경우도 있다고 했으니 배우면 보석이 될 수 있을지도 궁금합니다. 알면 알수록 실질적인 이야기가 더 듣고 싶어집니다. 그런데 그 이야기를 해줄 사람이 없습니다. 보다 정확하게 표현하면 그런 이야기를 해줄 사람을 파악하지 못하고 있다고 말해야 합니다. 현시점에서 연습생까지 가는 길을 가장 잘 안내할 사람은 현직 프로게이머를 포함한 여러 전문가가 아닙니다. 실제 유망주를 육성하고 있는 교육 기관들이지요.

'프로게이머가 되려면 어떻게 해야 하나요?'라는 질문이라면, 우리는 프로게이머 선수를 양성하는 곳에 질문해야 합니다. 그 목적 달성을 위해 이 시장에 존재하게 된 기관이기 때문이지요. 이후 연습생이 되었다면 프로로 가는 길을 가장 잘 안내할 곳은 팀이 됩니다. 오늘날의 아카데미는 프로 축구의 '유스', 연습생은 프로 팀의 2군에 비교하시면 크게 벗어나지 않습니다.

필자의 어머니는 경상남도 남해가 고향입니다. 지금도 갯벌에 가시면 바지락을 많이 캐 오십니다. 그런데 장모님은 강원도 원주 분이십니다. 갯벌에 가셔도 조개한 알을 캐지 못하십니다. 조개가 어디 있는지 알지 못하시기 때문이지요. 치악산이 주 무대이셨던 장모님은 대신 산에 가면 날아다니십니다. 온갖 나물과 버섯과 산과일 등을 아주 잘 발견하시고, 잘 캐오십니다. 반대로 어머니는 같은 산에 가셔도 아무것도 보지 못하십니다.

전문성에 관한 이야기지요. 인터넷에서 찾을 수 있는 정보는 프로게이머 인터뷰 등이 다입니다. 그러나 그것으로는 페이커 이상혁 선수와 같은 선수가 될 수 있는지를 판단할 수 없습니다. 오늘날 AI가 눈부신 발전을 이루었다고 합니다. 그러나 chat-GPT에 물어도 답은 나오지 않습니다. 방금 또 물어보았습니다. 아무것도 모르는 수준의 답변을 합니다. 이유는 분명합니다. 만들어지지 않은 정보이기 때문입니다. 애초에 존재하지 않는 정보이니 가공해서 알려줄 것 자체가 없는 것이죠.

재능은 재능을 가진 사람들이 판단하는 것이 가장 정확합니다. 그러나 재능을 가진 사람이 잘 판단하는가에 대한 문제는 또 별개입니다. 어려우시죠? 하지만 이유가 있습니다. 자기를 성장시킬 목적으로만 재능을 발휘해왔다면 남이 가진 재능

을 발견하고 키워보겠다는 생각을 해봤을 가능성이 많이 없습니다. 이런 경우에는 경험이 없기 때문에 당연히 자신의 지식 내에서 제한적으로만 그 일을 수행할 수 있습니다. 똑똑한 머리를 가지고 있지만 영어 공부를 하지 않아, 결국 영어를 못하는 아이와 같습니다. 그러나 이 아이가 자기는 영어 공부를 안 했지만 영어를 잘한다고 생각한다면 너무 우스운 것이지요. 옛말에 서울 갔다 온 사람과 서울 이야기를 듣기만 한 사람이 싸우면 서울 이야기를 듣기만 한 사람이 이긴다는 말이 있습니다. 즉, 무슨 이야기인가 하면 우리는 경험을 해보지 않았지만 안다고 생각하는 것을 항상 경계해야 한다는 것입니다.

영어에 비유했지만 모두가 영어를 잘해야 할 필요가 있는 것은 아닙니다. 좋은 머리로 다른 할 것이 있으면 전혀 문제 될 것이 없습니다. 영어를 잘하는 아이가 다른 분야도 잘한다면 말 할 필요도 없지요. 즉, 인간의 시간은 한정적이기에 그 안

에서 전문성을 띌 수 있는 양은 반드시 제한적일 수밖에 없다는 뜻입니다. 따라서 오늘날 모든 e스포츠 분야의 전문가라 말하는 사람들을 보게 되면 신뢰하기란 정말 어렵습니다. 연장선상에서 대부분의 커리어가 게임 업계나 스포츠에 있었으면서 e스포츠도 같이 잘 안다고 하는 것도 받아들이기 쉽지 않습니다. 현대 e스포츠는 그렇게 말할 수 있을 정도로 단순한 구조를 띄지도, 그 모든 각 기술의 수행 레벨이 낮지도 않아요. 그래서 항상 정확한 상담 대상자를 찾아야 합니다. 그렇지 않으면 예외 없이 빙빙 돌게 됩니다.

상담 심리학을 전공할 시 공부를 하면 할수록 지식의 광활함과 자신의 무지함을 동시에 깨닫는다고 합니다. 그런데 심리학을 오히려 전혀 모르는 사람들은 자신의 분야만큼은 누구보다도 더 잘 상담할 수 있다고 믿습니다. 우리 업계도 예외가 아닙니다. 많은 업계인들이 우리가 게이머들을 가장 잘 이해하고 잘 상담할 수 있다고 생각합니다. 상담 분야 전공자는 게임과 문화를 모르기 때문에 우리보다 더 잘 할 수 없다고 말합니다. 이를 테면 스스로 게임 중독에 빠져봤기 때문에 게임 중독에 있는 아이들을 가장 잘 이해할 수 있다고 믿는 것이지요. 그러나 실제로는 그렇지 않습니다. 상담이란 사회에서 인정하는 전문 영역입니다. 물론 여러분 주위에 게임 업계 종사자나 e스포츠 분야에서 일을 한다는 사람들의 조언을 신뢰는 할 수 있습니다. 그러나 항상 그것이 전부가 아니라는 것을 인지할 필요가 있습니다. 그렇지 않으면 너무 빠르게 나와 내 아이에 관해 판단을 하게 될 수 있습니다.

나아가 한 가지 저의 생각을 더 말씀드리자면, 많은 우리 업계 전문가들이 개인의 경험을 바탕으로 이 문화에 관한 발표를 합니다. 물론 거의 대부분 일리가 있습니다. 그러나 학생의 부모와 상담을 할 때는 보다 조심해야 합니다. 부모보다 더 잘 안다고 생각하면 안 되기 때문이지요. 이것을 왜 말씀드리는가 하면 최근에 제가 몸소 깨달았기 때문입니다. 언급 드린 바와 같이 올해 우리 아들은 15살 중2가 되었습니다. 제일 좋아하는 게임은 발로란트와 오버워치2입니다. 이 아이가 하루 종일 게임을 할 때가 있습니다.

필자는 인생의 약 1/3 이상을 e스포츠 업계에서 보냈습니다. 또한 부모와 아이들과 소통하는 장소에 꽤 오래 있었습니다. 그래서 이 이슈에 관해 누구보다도 잘 안다고 자부하였습니다. 그런데 시간이 흘러 아들이 이 나이가 되니 사뭇 다른 세계가 펼쳐졌습니다. 자기 아들이 때로 하루 종일 게임을 하고 그것을 직접 눈으로 봐야 했습니다. 실제 부모가 되어서 이 경험을 하는 것은 완전히 다른 차원의 것이었습니다. 이에 행여나 우리 업계 분들이 이 책을 보신다면 당부 드립니다. 부모가 아니기에 부모보다 더 잘 상황을 안다고 생각하지는 않으셔야 할 것입니다. 우리가 상담은 해야 합니다만 언제나 겸손한 것이 좋겠다는 의견입니다(웃음).

학과 공부를 잘한다는 의미를 비교적 쉽게 파악할 수 있습니다. 수치적으로 증명할 수 있는 방법들이 잘 짜여 있기 때문입니다. 또 국영수는 정답도 있지요. 게임도 완전히 벗어나지는 않습니다. 랭크와 같이 누가 봐도 잘한다는 표기가 있습니다. 분명 실력 차이도 있습니다. 그런데 반대로 게임 그 자체에는 정답이 없습니다. 보다 정확히 말하면 더 나은 판단만이 있습니다.

판단이 연속되는 것을 방향이라고 표현합니다. 이는 필연적으로 결과 지향적인 피드백을 요하게 만듭니다. 결과 지향적이라는 것의 의미는 다음과 같습니다. 본질적으로 이상적 방향을 추구하기 위해서는 판단이 필요한데, 부합하는 지식과 스킬이 필요하다는 식의 교육을 요구하도록 구조화된다는 것입니다. 따라서 전략이나 전술 등은 그 틀 안에서 우리가 주로 사용하는 용어가 됩니다. 그래서 방식이 게임 중에 실시간으로 진행되거나 끝난 게임의 영상을 보면서 교육하게 됩니다. 물론 분명히 보다 발전이 필요한 영역입니다. 그러나 현재로서는 가장 진화된 형태의 교육입니다. 프로 수준에서도 크게 다르지 않아요.

결과론적인 것과 결과지향적인 것에는 차이가 있습니다. 결과론적인 것은 어떤 판단을 했기 때문에 이런 결과가 있게 되었다는 식의 교육입니다. 교육생의 판단 중에 잘못된 것을 체크하고 교정 중심으로 교육을 하는 것이지요. 과거에는 주로 많이 사용되었으나 최근에는 지양하는 교육 방법입니다. 물론 그렇다고 해서 코치가 잘못된 판단을 지적하지 않는다는 것은 아닙니다. 필요가 있을 때는 결과론적일 수 있으나 인과 관계를 개별적으로 보지 않고 보다 본질적으로 접근합니다. 이를 테면 무엇을 위해서 우리가 움직이고 있는데 그 움직임에 반하기 때문에 결과적으로 틀린 판단이라는 것을 안내합니다. 따라서 교육생이 코치의 강의에 자연스럽게 납득을 할 수 있는 상황 속으로 인도되게 되는 것이지요. 지금 제가 말씀드린 것을 기억한다면 더 잘 가르치는 코치와 보다 더 경험이 필요한 코치는 구분이 가능합니다.

연습생에 근접한 경우에는 스크림을 통해서 피드백을 합니다. 기초적인 것은 더 이상 배울 것이 많이 없기 때문입니다. 스크림이란 연습 경기라고 간단하게 해석할 수 있습니다. 스포츠에서 체력 훈련이 끝난 선수들은 연습 경기를 하게 되는데, 연습 경기를 하는 것으로 코치들은 선수를 상태를 판단합니다. 경기에서의 실력 향상을 위해 선수에게 요구하는 것을 판단하기 위해서는 경기로부터 판단하는 것보다 더 효과적인 것이 있을 수 없습니다. 반대로 그 하부 단에 있다면 아직 배워야 하는 지식들이 있다는 의미입니다. 여기서는 취미반에 대해서 고민할 필요가 없지요. 단순히 재능이 있는지 정도를 파악하는 수준이니까요. 취미반이 끝나면 심화반으로 올라옵니다. 이때는 스크림을 준비하기 위한 기초 지식들을 배우게 됩니다. 또한 지식을 잘 발휘할 수 있도록 훈련도 해야 하지요. 이 과정에서 랭크도 자연스럽게 올라갑니다. 벽을 느끼기도 하고 벽을 넘기도 하고요. 빠르게 넘는다면 빠르게 스크림반으로 올라오게 됩니다.

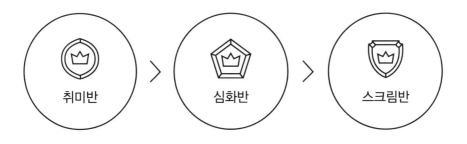

취미반 > 심화반 > 스크림반

재능은 완전히 가려져 있는 재능과 어느정도 드러난 재능, 두 가지로 나눌 수 있습니다. 프로팀의 감독과 코치는 어느 정도까지 드러난 재능을 가진 친구들을 대상으로 검토를 시도합니다. 여기서의 검토란 판단을 위한 과정이라고 말해도 되겠습니다. 이유는 재능이 어느 정도 드러난다고 해도 그 수준이 이후 아주 높은 단계까지 올라오는 것을 확정하는 것이 아니기 때문입니다. 최근에는 꽤 많이 드러나야 한다고 말을 해도 과언이 아닌 수준입니다. 왜냐하면 리소스(검증에 필요한 노동력과 시간)와 자리(팀이 최대로 보유할 수 있는 연습생의 수)는 늘 한정되어 있는 반면 지망생은 계속 많아지고 있는 추세이니까요.

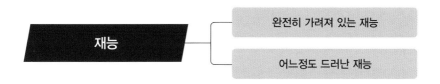

　　현직 감독과 코치들은 일과의 대부분의 시간을 현재 팀원(선수)에게 집중합니다. 당장 내일 경기를 해야 하고 승패에 따라 거취가 결정이 되기 때문입니다. 유망주에게 관심을 기울일 시간이 많지 않아요. 결국 발굴과 육성은 스카우터라는 전문가가 맡습니다. 프로가 될 자질 확인이 완료된 친구들에 한해 빠르게 훈련시켜 데뷔를 결정하는 중요한 임무이지요. 자질이 있는 아이들을 데려다가 테스트를 보고 연습생으로 입단을 시킬지를 결정합니다. 온라인 연습생으로 확인만 해두는 경우도 있고요. 때로는 전력분석관이나 스카우팅을 전문으로 수행하는 코치를 선수단에 두고 그들이 업무를 수행하게끔 하기도 합니다.

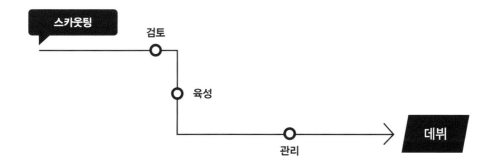

완전히 가려진 재능이란 배움을 통해 습득할 수 있는 재능입니다. 물론 모든 친구들이 배운다고 해서 전부 그랜드 마스터나 그 이상까지 올라가는 것이 아닙니다. 앞에서 한번 언급한 바와 같이 이 세계에는 하나를 배우면 열을 아는 유망주가 있습니다. 확실한 재능이지요. 다만 배웠지만 행하지 못하는 것으로 결론이 날 수 있습니다. 재능이 없는 것입니다. 그러면 이쯤에서 궁금한 점이 생깁니다. '재능이 없다는 판정을 받

으면 어떻게 되는 걸까요?' 결론부터 말씀드리면 그렇다고 하더라도 이 배움에는 가치가 있습니다. 적어도 내가 감춰진 재능을 가진 소유자인지 아닌지를 알게 되기 때문입니다. 검증된 교육 기관들은 모두 판정 결과를 유망주에게 알립니다.

우리는 e스포츠에 관한 정보는 제한적임과 동시에 실제 우리가 접해야 하는 정보의 양 자체는 아주 광범위하다는 사실을 알았습니다. 챌린저가 된다고 해서 프로게이머가 되는 것도 아니지만 그보다 자신을 알지 못한 채로 세월을 보내는 것이 인생에서 훨씬 더 큰 문제가 될 수 있습니다.

하루 종일 게임을 하지만 그랜드 마스터나 챌린저가 되지 못하면 인간은 누구나 자괴감에 빠집니다. 게임과 게임 내 동료, 그리고 세상을 원망할 수 있습니다. 여전히 게임을 하지만 암흑 속에 있는 것과 같습니다. 이런 것은 전혀 도움이 되지 않죠. 이 아이에게 이후의 삶에 대해 스스로 판단을 할 수 있도록 도와야 합니다. 이 '안다(판정)'라는 것은 이처럼 아주 중요한 의미를 내포합니다. 만약 여러분의 자녀, 형제자매가 도움이 필요한 상황이라면 세상으로 끌고 나와야 합니다.

스카우터　≠　코치

이 책은 입문서의 역할을 하고 있습니다. 이런 전체적 과정들에 관해 표면적으로 다루고 있지요. 자세하게 설명하려면 책 한 권 분량은 나와야 할 수도 있습니다. 다만 지금 여러분과 부모님께는 입문서와 같은 이 세계의 문을 여는 역할을 하는 내용이 필요합니다. 우리가 지도를 보고 부산을 가야 한다면 당장은 비교적 간단하게 표기되어 있는 지도가 좋습니다. 그런데 지리학을 전공하려는 사람에게는 그런 지도는 의미가 없지요. 언젠가 우리 e스포츠가 더 학문적으로 정립이 되고 더 깊은 수준의 교육학이 사회에 전달되어야 할 필요가 있다면 그때는 제가 언급한 내용들이 훨씬 더 전문적이고 현대적으로 풀어질 것입니다.

인터넷에서 우리에게 게임을 가르쳐 줄 수 있는 사람들은 많습니다. 그러나 본질적으로 그들이 수준 높은 교육을 하는 사람인지는 알 수 없습니다. 검증을 할 수 없기 때문이지요. 그런데 그 모두는 적어도 우리보다는 더 많은 정보를 가지고 있습니다. 그래서 우리 혼자로는 그들이 어느정도 수준의 전문가인지를 판단을 하기가 어렵습니다. 한 친구가 우연히 인터넷에서 강의를 들었습니다. 그 코치님이 마음에 들었을 수 있습니다. 그러나 그 코치보다 더 나은 코치가 세상에 있을지는 알 수 없습니다. 취미반이라면 아무 문제가 없습니다. 그러나 프로를 지향한다면 최소한의 확인 작업은 필요할 것입니다. 왜냐하면 우리 모두에게는 다시 오지 않을 소중한 시간이 흘러가기 때문이지요.

예를 들어 페이커 이상혁 선수는 300만명 중에 1명 즉, 300만 분의 1입니다. 따라서 전문가는 이와 같이 필요한 정보를 우리에게 공유하고 우리로 하여금 스스로 이성적인 판단을 할 수 있도록 유도해야 합니다. 우리 아이가 우리의 말을 그 어느 것 하나 듣지 않는다면 전문가에게 바로 상담을 의뢰해야 합니다. 그런데 그 대상은 반드시 검증된 기관이어야 합니다. 그 기관에 속한 전문가는 우리를 속일 이유가 없기 때문이지요. 프로팀에 바로 확인할 수 있다면 가장 좋습니다. 그러나 언급한 바와 같이, 상황적으로 볼 때 기회를 얻기 매우 어렵습니다. 저는 검증된 프로팀 산하에 있는 아카데미(학원) 기관을 추천드립니다. 그들은 팀 브랜드에 손상이 될 만한 일을 하지 않을 가능성이 높기 때문에 냉정한 눈으로 평가합니다.

학원 기관의 경우에는 추가 확인이 필요합니다.

① 교육청 인가를 받은 학원

---

② 팀과 연계되어 있는 학원 | ### ③ 오프라인 사업장을 보유

① 교육청 인가를 받은 학원

교육청 인가를 획득하려면 운영의 제약이 많이 발생합니다. 이러한 제약들은 보통 학원생을 위한 제도라고 할 수 있습니다.

② 팀과 연계되어 있는 학원

팀은 후원 사업으로 운영되는 기관입니다. 따라서 팀 이미지가 중요합니다. 이미지를 공유하는 아카데미는 예를 들어 위에서 언급한 '재능 판정'과 같은 것을 미루는 일이 없습니다. 판정을 미루면 학원에 계속 다녀야 할 가능성이 높아집니다. 학원 운영자의 입장에서는 수익과 직결되는 문제이지요.

③ 오프라인 사업장을 보유

오프라인 사업장이 필수는 아닙니다. 그러나 공간이 가지는 의미들은 분명 존재합니다. 교육은 단순히 대상에 관한 지식만 전수받아 해결되는 것이 아니기 때문입니다. 여기서 중심이 되는 것은 커뮤니케이션입니다. 우리의 커뮤니케이션에는 말과 더불어 몸짓, 표정, 상황, 함께 듣는 이들의 구성, 또 기존의 관계 등이 크게 영향을 줍니다. 이 이유 때문에 선수들은 기꺼이 합숙하는 것이지요. 다만 온라인에서 불가능하다는 것보다는 교육에 제약이 있다고 서술하겠습니다.

여기까지 글을 읽어온 우리는 이제 지금까지 달성한 최고 랭크를 체크해야 할 시점이 되었습니다. 어쩌면 이 순간은 좌절의 시간이 될 수도 있을 듯합니다. 이상혁 선수와 같이 김기인 선수와 같이 될 수 없을 것 같은 나를 원망해야 하는 상황이 온 것일지도 모르겠습니다. 지금까지 보낸 그 많은 시간이 전부 무가치한 것이 되는 것은 아닌지 심히 불안할 수 있습니다. 그러나 희망은 어느 때든 사라지지 않습니다. 사람의 인생은 젊은 날에 시도한 하나의 도전과 그 도전의 결과로 인해서 결정되지 않습니다. 우리가 만나는 대부분의 아이들이 이제 10대 후반에서 20대 초반입니다. 젊은 축 내에서도 심히 어린 축에 속한다고 말해도 과하지 않습니다.

프로게이머가 되기 위해 도전하는 길

필자의 학창시절을 돌아봅니다. 남다른 꿈도 없고 뚜렷한 희망도 없었습니다. 가끔 시험을 잘 보아서 성적이 오르면 기뻤지만 그것이 정확히 내 인생에 어떤 의미인지 알지도 못했고, 만일 있다고 해도 와 닿지 않았습니다. 나름 꽤 좋은 대학을 갔고 당시에는 인기 있는 전공도 선택했습니다. 그런데 돌아보니 지금은 이 분야에서 일을 하고 있습니다. 저희 부모님은 제 길을 전혀 이해하지 못하십니다. 지금도 명절에 거실 TV로 e스포츠 경기를 보고 있으면 아들 앞에서는 절대로 게임 보지 말라고 말하십니다. 게임은 나쁜 것이니 손자에게 해 끼치지 말라는 것이지요. 이 정도면 게임을 거의 담배나 술 정도로 생각을 하고 있으실 수도 있다는 생각입니다. 물론 이 책을 보시는 분들 중에 저희 부모님과 같은 수준의 사고를 하시는 분들은 거의 없으실 거라 믿습니다.

재미있는 점은 이러함에도 불구하고 부모님께 e스포츠가 어떤 것이고 그 안의 제 직업에 관해 자세하게 또 진지하게 설명을 한 적이 없습니다. 아마도 설득이 어려울 것으로 스스로 판단을 한 것이라고 여길 수 있겠습니다. 아들의 직장 생활 18년 동안 아들과 아들의 집을 먹여 살린 곳이 여기라고 말씀드린다 해도 쉽지 않은 여정이라 생각했습니다. 혹은 설득하기 싫었을 수도 있고요. 결과적으로 할 의욕이 없었던 것 같아요. 그렇다면 우리는 지금 어떤지 물어야 할 것입니다. 제가 본 우리 사회에서의 부모는 보통 이를 잘 모르는 것 같습니다. 아이들이 이 문제를 두고 어떤 심정을 가지고 있을지 생각을 했어야 했던 것인데 거기까지 가지도 못한 것입니다. 그러나 아이에게 반대로 무언가를 기대하는 일은 정말로 쉽지 않은 일입니다. 40대 중반인 저도 아직 못하고 있는 것이니까요.

그런데 아이러니하게도 아이도 잘 모르는 경우가 터무니없을 정도로 많습니다.

왜 프로게이머가 되고 싶은가에 대한 질문에 페이커처럼 되고 싶다는 말 말고는 논리적으로 아무 말도 하지 못하는 아이들이 태반입니다. 페이커가 멋지고 돈을 잘 벌고 인기가 있다는 것 외로 달리 구체적으로 알고 있는 지식도 없고요. 이렇 듯 둘 다 모르는 상태에서는 충돌밖에 일어날 수 없는 것이지요. 프로게이머를 희 망하는 아이 입장에서는 설득을 위해 '페이커처럼 되고 싶다' 외로 뭐가 더 필요한 지 모를 수 있습니다. 부모는 심지어 무엇을 궁금해야 하는지를 모릅니다. 알았다 고 해도 존재하지도 않는 정보로부터 배움을 얻을 수 없습니다. 정보가 있다고 해 도 찾을 수도 없습니다. 행여 찾았다고 해도 그것이 무엇을 의미하는지 설명하는 이가 없다면 알아들을 수도 없습니다.

게임 좀 그만하라고 할 때 부모님께 소리치는 아이들을 위한 상담이 적지 않습 니다. 몇몇의 아이들은 원하는 게임을 하지 못하게 될 때 반대급부로 프로게이머 가 될 거라고 말합니다. 부모 앞인데도 크게 소리치는 경우가 정말 벌어지는 일입 니다. 스스로 가치 있는 일을 하는 것이라고 강하게 말하고 싶어서입니다. 논리적 으로 잘 설명은 못하지만요. 아이와 한바탕 크게 싸운 부모는 매번 밤잠을 설칩니 다. 모든 불이 꺼진 방 안에 홀로 누워 네이버 검색창을 열어 프로게이머를 검색해 본적이 많이들 있으십니다. 궁금하기 때문이지요.

> **엄마**
>
> 정말 이 아이가 진심으로 말하는 걸까?
>
> 그 프로게이머라는 것이 되면 이 험한 세상을 살 수 있는 걸까?
>
> 프로게이머라는 것은 그저 게임만 하면 자연히 되는 걸까?

이제 조금 다른 주제를 건드려 볼 차례입니다. 필자는 유망주들과 현직자들에 게 대학에 가자는 이야기를 합니다. 그것은 대학 타이틀이 우리에게 주는 어떤 가치나 이와 같은 갈등의 해결 포인트가 되기 때문이 아닙니다. 보다 근본적인 접근을 하기 위함입니다. 우리는 언제나 더 큰 의미를 부여해야 할 주제가 있습니다. 인생을 사는 목적입니다. 그 목적에서 진지함이 나오게 됩니다. 진지함(마주함)만이 괴리를 좁혀갈 수 있는 가장 좋은 도구입니다. 꿈을 이루기 위함이기에 프로게이머가 되기 위한 도전은 아름답습니다. 이 경험은 아이에게 귀하게 남습니다.

프로게이머뿐만이 아닙니다. 꿈을 향한 진지한 노력은 이 사회에서 무엇이든 마음만 먹으면 노력을 통해 성취할 수 있다는 생각을 갖게 합니다. 프로게이머는 그 아이에게 꿈을 갖게 해주는 도구일 뿐입니다. 물론 모두가 목표를 달성하지는 못합니다. 그러나 도전과 성취, 그 과정에서의 노력, 결실, 때로는 좌절, 다시 일어남 등 이 과정의 반복을 통해 강한 인격이 완성됩니다. 동네 작은 PC방 대회에 나가서 우승을 할 수도 있습니다. 너무 기뻐서 우승하자마자 폰을 들고 밖으로 나가 부모에게 전화할 수도 있습니다. PC방 대회라는 그리 대단하지 않은 대회임에도 불구하고 최선을 다해 노력했을 아들을 생각한다면 기쁨을 나눌 수 있습니다. 반대로 이정도 수준의 대회에서도 떨어질 수도 있습니다. 누군가가 이겨야 한다면 누군가는 져야 하니까요. 깊이 좌절할 수 있습니다. 그러나 인생에서는, 아이는 좌절도 배워야 합니다.

더욱이 커뮤니케이션을 통해 사회를 깊고 진하게 배웁니다. 나와 같이 꿈을 꾸며 이 길을 가는 선배 후배 코치 친구들과 함께 진지한 대화를 합니다. 마음을 털어 놓게 되고 서로의 사정과 생각을 공감합니다. 그 과정 속에서 다양한 간접 경험을 하지요. 타인과 나와의 서로 다른 점도 발견합니다. 그제야 비로소 누군가가 나를 이해하지 못하는 상황을 이해할 수 있게 됩니다. 이때가 되면 부모님을 떠올릴 수 있습니다. 남자들이 군대에 가면 부모님의 사랑을 깨닫게 되는 것과 같아요. 이러한 대화는 우리의 삶과 시간을 소중하게 만들어 줍니다. 시간과 젊음을 아껴야겠다는 생각을 하게해요. 아이가 인생에서 이런 시간을 보내는 것은 하루 종일 아무 구체적인 목적 없이 게임만 하는 것과 같은 것이 될 수 없습니다.

인류가 도구를 활용한다는 것을 인지를 하게 되면 비로소 자녀를 이해하기 위한 한 걸음을 내딛은 것이라 할 수 있습니다. 도구는 한 가지만 있는 것이 아닙니다. 당연히 공부도 도구입니다. 수학자가 꿈인 아이가 있었습니다. 수학에 어릴 때부터 관심이 있고 재능이 있었습니다. 그 꿈을 이루기 위해서 노력을 했습니다. 결국에는 유명한 수학자가 되었습니다. 대학에서 교수로 연구하고 또 제자들을 양성하고 있습니다. 이런 종류의 이야기는 우리에게 아주 당연한 이야기로 들립니다. 물고기를 좋아하는 아이가 있었습니다. 지금은 아쿠아리움에서 일하고 있습니다. 이런 예를 하루 종일이라도 할 수 있습니다. 마지막으로 이건 어떠신가요? 또한 게임을 좋아하는 아이가 있었습니다. 프로게이머는 되지 못했습니다. 그러나 게임 업계에서 일을 하고 있습니다. 혹은 e스포츠 심판이 되었습니다. 크리에이터가 되었습니다. 리그기획자가 되었습니다. 옵저버(게임PD)가 되었습니다.

이상적인 아이디어를 전달하고 있는 것일 수 있습니다. 그러나 그렇다고 하더라도 인생을 어둡게 볼 필요는 없습니다. 살아보지도 않은 인생을 좋지 않을 것으로 미리 판단할 필요가 없다는 뜻입니다. 아이가 사는 세상은 미래이고, 그 미래는 누구도 모릅니다.

우리는 현재 가지고 있는 정보로 미래를 판단을 합니다. 다만 그 정보가 맞을 것으로는 아무도 장담을 할 수 없습니다. 저는 대학을 가는 것 외로는 답이 없는 시대를 살았습니다. 대학 서열이 곧 직장 서열이었고 직장 서열이 곧 수입 서열이 되었으며 수입 서열이 곧 안정적인 인생을 살 확률이었습니다. 그런데 지금도 그러한지를 묻지 않을 수 없습니다. 앞으로 우리가 살아갈 세상은 그렇지 않을 것으로 많이들 판단하고 있습니다. 그러나 필자는 지금 대학 무용론을 이야기하는 것이 아닙니다. 앞에서 언급한 바와 같이 오히려 대학을 가자고 말을 합니다. 도구(게임)를 가지고 또 다른 미래를 향해 나아가는데 대학이 정말 좋은 계기가 되며 그 역할을 수행할 수 있는 곳이라고 믿기 때문입니다. 판단이 이런 배경에서 출현해야 합니다.

위에서 언급한 옵저버(게임PD), 심판, 크리에이터, 리그기획자 등 그 외에도 많습니다. 코치/감독도 될 수 있습니다. 아카데미 학원의 코치는 현직의 경력을 반드시 요구하고 있지 않습니다. 유리하지 않다는 것이 아니라 필수는 아니라는 의미입니다. 최근 발로란트 코치의 경우에는 선수 출신이 아닌 경우에도 충분히 기회를 얻을 수 있습니다. 팀 매니저로도 일을 할 수 있습니다. 스카우터나 마케터나 사업기획이나 홍보 담당자로도 지원할 수 있습니다. 프로게이머를 지망했다는

것은 큰 이력이 됩니다. 그만큼 이 세계에 대해서 설명하지 않아도 많은 것을 알고 있다는 의미이니까요. 그렇다면 이제 남은 것은 스킬셋(기술)입니다. 스킬셋의 의미는 e스포츠를 모르는 디자이너와 e스포츠 프로게이머 지망생 출신의 디자이너 중 한 명을 선택해야 한다면 프로게이머 지망생을 선택할 가능성이 훨씬 높습니다. 우리 업계의 디자인은 디자인의 예술성이 크게 필요한 업무가 아닙니다. 우리가 필요한 수준의 디자인이 가능하다면 그 다음은 우리가 전달해야 할 대상에 대한 이해가 더 중요한 요소가 됩니다. e스포츠 팬들에게 어떤 방식으로 무엇을 전달해야 할지를 이미 잘 알고 있다는 확신이 든다면 그 친구를 굳이 선택하지 말아야 할 이유가 없다는 뜻이지요.

우리에게 필요한 것은 목적이 이끄는 삶입니다. 프로게이머 지망생들이 보통 중학생 무렵 진지하게 이 직업에 관해 생각을 해봅니다. 자신이 또래 다른 친구보다 월등하게 게임을 잘한다는 것을 인지하게 되기 때문입니다. 실제로 현직의 대부분의 프로게이머들이 비슷한 경험을 가지고 있어요. 어쩌면 첫 번째로 부모님께 이 주제에 대해서 이야기를 하는 시점이 있을 거예요. 그때 우리는 이 책에서 알게 된 지식들을 사용해야 할 것입니다. 프로게이머가 되는 길에서 우리가 가장 선행해서 해야 하는 역할은 부모님의 지원을 확보하는 것입니다. 부모님께 이 책을 전달하는 것도 방법일 수 있습니다. 혹은 반대로 부모님이 스스로 정보를 찾는 것도 해답이 될 수 있습니다. 이 세상 사람들이 사는 방식이 모두가 다르다는 것은 우리가 알고 있다면 나도, 우리 아이도 그 다름에 속할 수 있다는 것을 인지할 때에 비로소 관계도 회복되고 비전도 얻게 될 것이라 믿습니다.

- e스포츠 경력 20년차
- 前 화승 OZ(르까프 OZ) 스타크래프트 코치, 감독(2005.10~2011.08)
- 前 제 8게임단 스타크래프트, II 수석 코치(2011.11~2013.06)
- 前 진에어 그린윙스 리그오브레전드 감독(2013.07~2019.10)
- 前 그리핀 리그오브레전드 감독(2019.11~2020.05)
- 現 LCK Academy Series 해설(2021~)
- 現 한국e스포츠협회 이사(2022~)
- 現 오산대학교 e스포츠과 교수(2023~)

chapter 4

프로게임단에서
프로게이머를
선발하는 방법

▎프로게이머의 하루

"일어나!", "씻어라~"

오전 11시, 함께 생활하는 코치의 아침 기상 목소리가 들려온다.

선수들은 몸을 뒤척이며 일어나고, 어떤 선수는 조금이라도 더 자고 싶어서 일어났다가 다시 눕는다.

기상 : 연습 준비

오후 연습 시작 전까지 선수들은 씻고 밥을 먹어야 한다.

대부분 팀의 감독들은 선수들이 씻지 않고 대충 연습실에 오는 모습을 매우 싫어한다. 연습실과 숙소가 매우 가까운 편이라 밥도 먹는 둥 마는 둥 하고 씻는 것도 고양이 세수만 하고 아무 옷이나 걸쳐 입고 출근하는 선수들이 있는 편이다.

프로게이머 특성상 연습 시간에 일반 회사원처럼 출근복을 입는 건 아니지만, 요즘에는 선수들을 알아보는 사람들도 많은 편이어서 깨끗이 씻고 옷도 단정하게 입고 출근하길 원한다.

그렇게 연습을 시작해야 낭비되는 게임 없이 잘 시작할 수 있기 때문이다.

프로게이머를 꿈꾸는 사람들이
꼭 알아야 할 가이드 북

오후 : 타 팀과의 스크림(연습경기)

리그오브레전드 팀은 1시가 되면 대부분의 팀이 다른 프로팀과 게임을 연습한다. 발로란트 종목은 연습을 홍콩 서버로 하고 있어서 보통 1시간 늦은 2시 이후부터 팀 연습을 시작한다.

종목마다 팀 게임 수는 다르지만 보통 3게임 정도를 하는데, 시간은 3시간 내외이다. 일반적으로 코칭스태프의 피드백까지 하면 3시간이 넘는 경우가 많다.

휴식 : 각자 스타일대로

오후 스크림이 끝난 후 밥을 먹으면 2시간 정도는 개인 시간이다.
프로게이머들은 쉬는 시간에 무얼 하며 보낼까?

전에는 낮잠을 자거나 휴식을 취하는 선수들이 많은 편이었는데, 요즘에는 프로게임단 사옥 내 피트니스 센터 또는 외부 피트니스 센터에서 운동하는 선수들이 많아지고 있다. 산책하거나 낮잠을 자는 선수들도 있으며 휴식 시간임에도 불구하고 개인적인 연습을 진행하는 선수들도 있다. 정말 각양각색으로 자신만의 시간을 보내고 있다.

저녁 : 타 팀과의 스크림

저녁 7시가 되면 오후와 마찬가지로 같은 팀과 연습 게임을 진행한다. 가끔 스케줄 상으로 다른 팀과 연습하는 경우도 있지만, 일반적으로는 한 팀과 오후, 저녁 스크림을 같이 진행하는 경우가 대부분이다.

저녁이 되면 낮 스크림보다 더 집중력이 높아지는 경기들을 한다. 코칭스태프와 선수들과 전략적인 얘기도 많이 오가며, 플레이 이후 피드백에서도 소통이 많아지는 편이다.

프로게이머를 꿈꾸는 사람들이
꼭 알아야 할 가이드 북

밤~새벽 : 개인 연습 또는 팀 게임

야식을 먹은 이후에는 팀들이 많은 휴식 시간보다는 짧은 휴식을 취하고 11~12시 사이에 연습을 다시 시작한다. 보통은 개인 솔로 랭크 위주의 연습이 진행되지만, 한참 대회 중일 때는 야간 스크림이라고 해서 새벽까지도 팀 게임을 진행한다.

이때는 선수들이 매우 피곤한 상태로, 상황에 따라서 2~3게임 진행하고 마무리한다. 대회 전날에는 모든 게임이 끝난 이후 코칭스태프와 선수들의 밴픽 회의, 전략 회의 등이 더 이어지기도 한다. 그래서 프로게이머들은 새벽 3~4시가 되어서야 잠자리에 든다.

24시간이 쉴 틈 없이 돌아가고 이들은 하루가 어떻게 지나갔는지도 모르게 정말 바쁜 하루를 보낸다.

대회 날에는 대회 시작 시각에 따라서 조금 더 잠을 충분히 자기도 하고 연습은 상황에 따라 간단히 손만 풀고 대회장으로 가서 대회를 진행하기도 한다.

프로게임단에서 프로게이머를 선발하는 방법 (프로게이머가 되는 노하우)

앞서 생생한 프로게이머의 세계를 알아볼 수 있었다. 그럼, 프로게이머가 되는 노하우에는 어떤 것이 있을까? e스포츠 종목마다 약간의 차이는 있겠지만, 크게 네 가지 과정을 거쳐 프로게이머 또는 프로게이머 연습생이 된다. LOL 종목은 1, 2, 3군 체제(LCK, LCK, Challengers, LCK Academy)로 나누어져 있다. 일반적으로 3군 선수를 뽑는 과정이 대부분이고, 아카데미를 보유하고 있는 프랜차이즈 게임단 중 일부 팀은 아카데미 학원의 연습생(유료, 수강 여부 선택 가능)을 뽑기도 한다. 발로란트 종목도 이와 다르지 않다. 발로란트를 운영 중인 DRX 팀도 2, 3군 선수들을 육성하면서 시스템을 만들어간다.

e스포츠 기준으로 서류 지원에서 가장 중요한 요소는 나이와 티어라고 할 수 있다. 지원 기준이 명확하게 정해져 있으며, 종목마다 다르지만 LOL(리그오브레전드)은 점차 나이가 어린 선수들이 선발되고 있다. 체계적인 시스템으로 3군 선수(LCK Academy)들은 나이가 어린 유망주 위주로 구성되고, 유망주 선점 경쟁이 치열하다.

대부분 2005년생~2009년생 사이의 선수들을 선발한다. 작년까지는 2002년생, 2003년생들도 T1 Academy Rookies, KT Academy 팀의 선발범위였지만, 현재 20대 이상 선수를 선발하는 팀은 KT 롤스터가 유일하다.

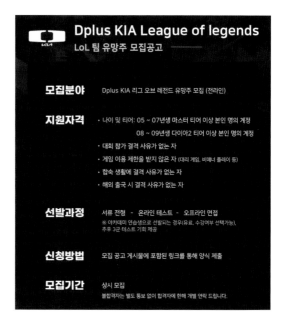

상대적으로 발로란트 종목에서는 10대부터 20대 후반까지 다양한 나이대의 선수들이 공존하고 있다. 기존 FPS(First Person Shooter, 일인칭 슈팅 게임) 종목이었던 배틀그라운드, 서든어택, 오버워치 등의 게임에서 프로게이머 또는 게임을 했던 유저들이 전향한 경우에는 나이가 20대 이상이 많은 편이며 신규 유저들은 점차 10대가 많아지고 있는 흐름이라고 보면 된다.

1. 서류전형

첫 번째는 지원자의 자격, 이력 등의 내용이 담긴 서류 전형이다. 대리 게임, 승부조작 관여, 불법 프로그램 사용, 욕설 등으로 인한 제재가 있다면 부적격 사유가 되어 지원하지 못하니 미리 참고하도록 하자.

지원서에는 나이와 현재 티어 점수뿐 아니라 본인이 경험한 최고 티어 & 시즌 (예시. 2023년 시즌 챌린저 1200점 등), 대회 경력 유무와 입상 경력, 지원 동기, 자기소개 등을 작성한다.

[지원 동기 & 자기 소개서 쓰는 방법]

첫 번째 체크포인트에 대해서 천천히 설명하겠다. 팀에 지원하게 된 동기와 자기소개 부분은 매우 중요하다. 지원 동기에 '프로게이머가 되고 싶어서','게임을 잘해서' 등 정말 성의 없는 지원 동기 글들이 많다. 1차 서류를 통과할 수 있는 지원 자격을 갖춘 사람 중에서도 이런 글들이 꽤 있는 편이다. 보통 프로게이머 지원자들은 게임을 주로 하는 10대인 경우가 많아서 글쓰기 능력이 부족한 경우도 많고 어떤 내용으로 자기소개를 해야 하는지도 잘 모른다. 간단히 한두 줄 적는 지원자가 테스트를 보는 경우는 많이 보지 못했다.

"저는 T1 팀의 오래된 팬이고 페이커 선수처럼 되고 싶은 미드라이너로서 항상 페이커 선수의 플레이를 보고 감탄했고 배우려고 노력하고 있습니다. 그래서 이번 T1 팀의 연습생 선발 공고를 보고 바로 지원하게 되었고, 지금은 부족하지만, 나중에는 페이커 선수처럼 노력해서 최고로 멋진 플레이를 보여주는 프로게이머가 되고 싶어서 지원했습니다."

"저는 T1 팀의 강한 라인전 실력을 바탕으로 우위를 가져가면서 맵 전반적인 영향력을 넓히고 멋진 활약을 보여준 케리아 류민석 선수의 플레이를 보고 감명받았습니다. 그래서 저는 실제 솔로 랭크에서도 이런 플레이 위주로 연습했으며 처음에는 점수가 오르락내리락했지만, 6개월간 꾸준히 노력하고 연습한 결과 300점이 올라서 이렇게 지원하게 됐습니다. 류민석 선수처럼 캐리하는 서포터, 팀에 도움이 되는 서포터가 되고 싶어서 T1 프로게이머에 지원했습니다."

이렇게 적은 지원자와 '게임을 잘해서' 등을 지원 동기로 작성한 지원자는 느낌 자체가 아주 다르지 않은가? 나이가 같고 비슷한 점수대의 두 명의 지원자가 있다고 가정해 보자. 팀의 인기에 따라서 테스트 보는 인원은 달라지겠지만, 최소 수십 명에서 최대 수백 명까지 지원하는 상황에서 테스트를 보는 인원은 한정되어 있다. 당연히 후자가 테스트를 볼 확률이 높아진다.

그래도 아직 잘 모르겠는 예비 지원자들을 위해 자기소개에 꼭 들어가야 하는 내용을 간단히 말씀드리면, ① 게임에 임하는 자세, ② 본인의 성격, ③ 프로게이머가 되고 싶은 이유, ④ 팀 생활에 대한 생각 ⑤ 본인의 열정과 의지를 쓰기를 추천한다. 객관적인 데이터 지표(나이, 티어 등)와 주관적인 내용에서 성의가 있는 지원자가 되면 프로게이머가 되기 위한 첫 번째 발걸음인 팀 테스트를 볼 수 있을 것이다.

[부적격 사유]

두 번째 체크포인트는 부적격 사유이다. 대표적인 게 과거 대리 게임이나 승부조작 관여, 불법 프로그램 사용, 욕설 등으로 인한 제재가 없어야 한다는 것이다. 이를 속이고 프로게이머로 데뷔하더라도 게임사가 최소 2년간의 채팅 내역, 대리 게임 등을 다 확인하기 때문에 벌금 및 사회봉사, 출전 정지, 영구 정지 등을 받을 수 있다.

실제로 도파 정상길이라고 유명한 아마추어 선수가 있었는데, 이 친구는 대리 게임을 공개적으로 하다 적발돼서 라이엇 게임즈로부터 무려 천 년 정지를 받았다. 사실상 영구 정지나 다름없다.

특히 아마추어 유저들이 조심해야 할 부분은 게임 내 채팅이다. 게임 중 다른 플레이어의 옳지 못한 플레이, 채팅 등으로 상처받고 휩쓸려 반응하게 되는 경우이다. 프로게이머는 일부 공인의 느낌으로 아마추어 또는 일반 유저들에게 모범을 보여줘야하는 프로의 역할이기 때문에 이미지 타격이나 처벌 등은 정말 조심해야 한다.

이미 습관이 되어 정말 고치기 어렵다면 키보드에 엔터키를 빼는 것도 좋은 방법이다. 실제로 커리어가 꽤 좋은 리그오브레전드 전 프로게이머 탑솔러 '칸'(김동하) 선수가 있는데, 여러 가지 욕설 및 구설수가 있었다. 당시 킹존 팀 강동훈 감독의 조치로 채팅을 칠 수 없게 키보드에서 엔터키를 빼고 게임을 했었다.

이 외에도 인종 차별, 특히 외국인에 대한 공식적인 욕은 그 선수에게 치명상으로 다가올 수 있다. 아무래도 소통이 수월하지 않다 보니 멘탈이 흔들린 선수가 국가 전체를 욕하는 경우를 발견할 수 있다. 이 경우에는 각종 커뮤니티에 전달되고 공론화가 되면 공식적으로 팀 또는 리그로부터 징계를 받게 된다.

일례로 전 프로게이머 '온플릭'(김장겸) 선수는 착짱죽짱(착한 짱개는 죽은 짱개)이라는 단어를 사용해서 2021년 LCK 스프링 스플릿 1라운드 전 경기 출전 금지라는 내부 징계를 받아서 자필 사과문을 썼으며, 라이엇 게임즈에서는 3경기 출장 정지 징계와 벌금 100만 원을 부과했다.

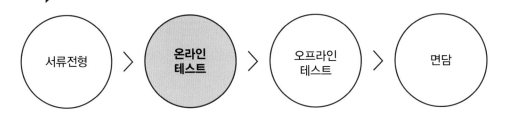

프로게이머 선발과정 4단계

서류전형 > 온라인 테스트 > 오프라인 테스트 > 면담

2. 온라인 테스트

1차 서류가 통과되고 나면 e스포츠만의 장점이라고 볼 수 있는 온라인 테스트 과정으로 넘어간다. 바로 오프라인 테스트로 이어지는 경우들도 있으나, 예전과 달리 요즘에는 확실히 검증하고 선수를 선발하는 추세여서 일부 팀만이 3단계인 오프라인 테스트 과정으로 넘어간다.

많은 지원자가 있기 때문에 온라인에서 스크림(연습 경기)을 통해서 그 지원자의 기본 실력 테스트, 다양한 챔피언(요원 등 캐릭터) 사용 능력, 게임에 대한 이해도, 지원자의 소통 능력, 오더 능력 등을 먼저 온라인으로 확인하고 점검하는 것이다.

온라인 테스트에서 보는 요소들

① 기본 실력

② 캐릭터 사용 능력

③ 게임에 대한 이해도

④ 소통 능력

⑤ 오더 능력 등

[자기 색깔 보여주기]

그렇다면 온라인 테스트에서 가장 중요한 포인트는 무엇일까? 그것은 바로 자기만의 확실한 색깔을 보여주는 것이다. 긴장할 수밖에 없는 상황에서 같이 플레이한 사람들과의 관계도 어색하기 때문에 본 실력이 나오지 못할 확률이 높다. 테스트를 보는 코칭스태프도 이 상황을 잘 알고 있기 때문에, 너무 걱정은 하지 않아도 된다.

많은 지원자가 긴장하고 제대로 된 플레이를 펼치는 선수는 극히 일부이다. 여기에서 중요한 것은 테스트 안에서 본인이 할 수 있는 최선의 플레이를 보여주는 것이다. 약간은 극단적이어도 좋다. 색깔이 없는 것보다는 약간 과하더라도 있는 게 훨씬 더 낫다. 그럴 경우에는 온라인 테스트가 일회성이 아니라 여러 번의 과정을 거쳐 진행될 수 있다. 이 지원자의 발전 속도와 플레이 방향성에서 나은 모습을 보여줄 수 있는가를 확인하는 것이다. 한 번의 게임만으로 지원자의 전부를 파악할 수 없기 때문에 많은 프로게임단이 애매하다 싶은 경우에는 한 번 더 보는 경우들이 많다.

따라서 만약 테스트를 여러 번 보게 된다면, 다음 플레이에서는 피드백을 반영해서 달라진 모습을 집중해서 보여주도록 하자. 이게 정말 중요하다. 전판에서 부족했던 모습을 발전시키거나 또는 고치려고 하는 노력이 보인다면 많은 코칭스태프는 이 점을 플러스 요인으로 체크할 것이다.

왜냐하면 프로게이머 지망생들은 대부분 어리고 발전 가능성이 있다고 생각하기 때문에, 피드백 수용 여부에 따라서 테스트 통과 여부가 결정된다고 봐도 과언이 아니다.

프로게이머 선발과정 4단계

서류전형 > 온라인 테스트 > 오프라인 테스트 > 면담

3. 오프라인 테스트

오프라인 테스트에서는 프로게이머가 되기 위한 과정에서 짚어볼 요소가 가장 많다. 예전에는 하루만 보고 끝나는 경우들이 많았으나, 2010년 후반대로 넘어가면서부터는 최소 1박 2일, 길게는 일주일 정도 보는 팀들이 있다. 오랜 기간 지켜보면서 지원자의 정확한 실력 파악, 지원자의 발전 속도, 팀 합숙을 통한 단체 생활 적응력, 생활 태도 등을 중점적으로 보기 때문이다.

[오프라인 테스트 사전에 알아야 할 점]

먼저 오프라인 테스트가 확정되고 나면 언제 어디로 몇 시까지 오라고 연락이 갈 것이다. 절대 지각하지 말아라. 늦게 일어나서, 차 시간표 확인을 제대로 못 해서 등등 다양한 이유로 늦게 오는 지원자들이 있다. 물론 이것 하나로 탈락이 되지는 않겠지만, 분명히 태도에서는 마이너스 점수이다. 그리고 복장은 최대한

깔끔하게 입고 가면 좋다. 일반 회사 면접처럼 정장을 입고 가라는 것이 아니다. 가끔 슬리퍼를 신고 테스트 보러 오는 지원자들이 있다. 이유를 물어보면 "몰라서요", "신발이 없어서요", "그냥요"와 같은 답변이 나올 때가 있다. 흠. 아주 난감하다.

처음 프로게임단 연습실로 테스트를 보러 가면 연습생, 프로게이머, 코치, 감독, 매니저 등 대부분 모르는 사람들일 것이다. 그렇기에 어색하고 쭈뼛쭈뼛 가만히 있는 경우들이 많다. 사람의 첫 인상은 매우 중요하다. 처음 본 사람이더라도 자신감을 가지고 인사할 수 있는 용기가 필요하다. "안녕하세요!"

그런 의미에서 인사성이 부족하면 호감 이미지를 처음부터 가질 수가 없다. 지금 인사한 사람들은 본인과 함께 팀을 이룰 동료이거나 본인을 평가할 심사위원이다. 혼자서 하는 종목인 스타크래프트, FC 온라인 등 종목도 프로게임단 생활은 합숙 생활이 대부분이기 때문에 동료와의 친화력, 사회성 등은 필수로 보는 부분이라고 생각하면 편하다.

이제 사전에 알아야 할 점은 끝났다. 본격적으로 테스트에 들어갈 것이다. 이때 정말 중요한 점 중의 하나는, 온라인 테스트에서도 강조했던 자신만의 색깔 있는 플레이를 실제로 보여주는 것이다. 많은 테스트 생 중에 본인만의 컬러가 느껴지는 테스트 생이 누구였는지 생각해 보면 가장 먼저 떠오르는 선수가 '엄티'(엄성현) 선수이다.

[미친 공격성 '엄티'(엄성현) vs 안정감의 '모글리'(이재하)]

2016년 당시 새 시즌을 대비해서 선수를 모집했고, 같이 테스트를 봤던 원거리 딜러인 '테디'(박진성) 선수는 빠르게 입단을 확정한 데 반해, 정글러 선발에 있어서는 애를 먹었다. 테스트를 봤던 두 명의 정글러 '엄티'(엄성현) 선수와 '모글리'(이재하) 선수 간의 정글 격차가 거의 차이가 나지 않았기 때문이다. 컨디션에 따라서, 조합하는 선수에 따라서 성적이 조금씩 달랐고 전체적인 평가는 매우 비슷했다. 그래서 테스트 기간이 2~3주 길어졌고, 선택의 시간이 다가왔다.

엄성현 선수는 초반부터 공격적인 스타일을 바탕으로 리드하면서 게임을 하는 편이었다. 하지만 안정감 면에서 부족한 모습들을 보여주면서 팀을 패배의 위기로 몰아가기도 했었다. 반면에 '모글리'(이재하) 선수는 안정적인 성향의 선수로 팀 파이트에 주력하는 스타일이었다. 기존 진에어 정글러 선수였던 '윙드'(박태진) 선수와 비슷한 스타일이었는데, 개인 캐리력은 부족한 느낌이었다. 여러분이라면 공격성이 강한 '엄티'(엄성현) vs 팀 게임 안정감이 높은 '모글리'(이재하) 중에서 누구를 뽑을 것인가?

최종적으로 나는 개인의 잠재력과 공격적인 성향의 정글러가 팀 성향과 잘 맞는다고 판단해서 엄성현 선수를 선발했던 기억이 난다. 이때 당시를 회상한 엄티 엄성현 선수는 "스크림 경기 중에 기억에 남는 게 제가 킨드레드로 12 kill, 12 death, 13 assist를 했어요. 자신감이 넘쳐서 공격적으로 플레이했고 말도 많았죠. 지금 생각해 보니 근거 없는 자신감이었는데, 흐흐, 팀에서 좋게 봐 주어서 합격할 수 있었어요."

결론적으로 말씀드리면 두 선수 다 성공한 프로게이머라고 생각한다. 엄성현 선수는 진에어 그린윙스 – KT 롤스터 – OK저축은행 브리온 팀 생활을 거쳐서 현재는 북미 LCS 지역의 리퀴드라는 팀에서 활동하고 있다. 그리고 최근 북미 LCS 스프링에서 생애 첫 커리어 우승을 했고, MSI(세계 대회)까지 진출하면서 주전 정글 프로게이머로 8년째 활약을 하는 중이다.

이재하 선수는 아프리카 프릭스, 팀 바이탈리티 등 5년간의 프로게이머 생활 이후 DRX 팀에서 코치 생활을 시작으로 현재는 한화생명e스포츠 팀에서 코치로 활약 중이다. DRX 시절 2022 월드 챔피언십에서 우승 코치로서 중요한 역할을 하기도 했었다. 이 두 선수의 프로게이머로서의 인생은 아직도 진행형이다.

앞서 말했다시피 1박 2일 이상의 테스트를 보는 동안 지원자들에게 가장 힘든 점은 본인의 생활 습관과 다른 프로게임단 생활 일과표이다.

리그오브레전드 프로게임단 일과표	
11:00~	기상 및 식사, 연습 준비
13:00 ~ 16:00	팀 연습 게임
16:00 ~ 17:00	식사 및 휴식
19:00 ~ 22:00	팀 연습 게임
22:00 ~ 23:00	30분 식사 및 휴식
23:30 ~ 03:00	개인 연습 or 팀 연습
03:00 ~	취침

[실제 테스트 경험담]

실제로 작년에 모 LOL 프로게임단에서 테스트를 봤던 지원자의 경험담이다. 그는 테스트를 무난하게 보고 하룻밤 잔 후 다음 날 저녁 7시 연습 시간에 연습하다 잠깐 책상에서 잠들었다. 이를 본 코치는 과감히 지원자를 탈락시키고, 집으로 가라고 했다. 본인의 생활 습관과 다름으로 인해 피곤할 수 있었겠지만, 기회는 두 번 오지 않았다.

프로게이머의 세계는 재능이 있고 정말 열심히 하는 지원자들도 다 성공할 수는 없는 치열한 경쟁이다. 테스트 보는 과정에서 본인의 플레이를 바로 뒤에서 선수 또는 코칭스태프가 봤을 것이고 본인 집이 아닌 다른 환경에서 잠을 자다 보니 푹 못 잤을 수도 있다. 상황은 이해가 되지만 지원자의 실력 및 태도 등을 보고 있는 코치 입장에서는 집중력이 없고 열정이 부족한 지원자라고 생각할 수 있는 충분한 상황인 것이다.

그래서 프로게임단 테스트를 보러 가는 지원자들은 그 팀의 생활 시간표에 맞춰서 생활 습관을 하고 테스트를 보러 가는 것을 추천한다. e스포츠 종목마다 스크림(연습 경기) 시간, 개인 연습 시간, 식사 시간, 취침 시간 등이 다르다. 그렇기 때문에 본인 종목에 맞는 팀 테스트 시간표를 물어보고 그에 맞춰서 생활하고 가는 게 중요하다.

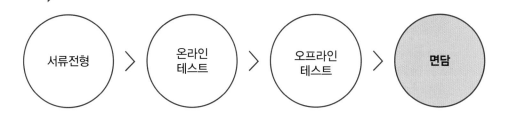

프로게이머 선발과정 4단계

서류전형 > 온라인 테스트 > 오프라인 테스트 > 면담

4. 면담

오프라인의 실력 테스트, 생활 테스트만큼 중요한 게 하나 더 있다. 아니, 그 이상이라고 해도 과언이 아니다. 회사에서는 다양한 질문을 받고 답하는 면접인데 반해, 프로게임단에서는 약간 다르게 면담인 듯 면접이 진행된다.

감독 또는 코치와 가볍게 커피를 마시거나 밥을 먹으면서 대화할 시간이 있을 것이다.

[면담 질문 & 돌발 질문]

게임은 언제 시작했어?

오늘 테스트는 어땠어?

팀 생활해 보니깐 어때?

네 성격의 장단점은 뭐야?

롤 모델은 누구야?

네 실력은 어느 정도라고 생각해?

등 다양한 대화들을 나누게 된다.

가끔 돌발 질문들을 하는 경우들도 있다.

동료 누구와 게임 중 싸웠어. 어떻게 할 거야?

네가 감독이라면 선수 중에 누구를 바꾸고 싶어?

이런 다양한 대화들을 통해서 지원자가 팀에 잘 적응할 수 있을지, 게임에 대한 열정이 어느 정도이고 프로게이머에 대한 의지가 확고한지, 팀원들과 잘 어울리면서 적합한 지원자인지 확인한다.

[현명하게 답변하는 방법]

그렇기에 프로게이머가 되고 싶은 사람이라면 이런 다양한 질문들에 대한 답을 미리 한 번쯤은 고민해 보고 가야 한다. 왜 프로게이머가 되고 싶은지에 대한 답, 본인의 프로게이머에 대한 열정과 의지는 어느 정도인지를 보여줄 수 있는 답, 지원하는 팀에 대한 분석과 함께 본인이 합류했을 때 시너지 효과에 대한 답, 본인의 성격이나 멘탈에 대해 솔직하면서도 긍정적인 답이 필요하다. 미리 준비되어 있지 않으면 분명히 당황할 수밖에 없고 테스트 결과가 애매한 상황에서는 이런 답변이 합격으로 가느냐, 불합격으로 가느냐의 갈림길이 될 것이다.

예시로 피드백 과정 중에서 다른 동료와 싸울 경우 어떻게 대처할 건지에 대한 질문을 했다고 가정해 보자. 지금 이 책을 읽고 있는 여러분들은 바로 답변이 나올 수 있을까?

"저는 성격이 차분해서 같이 게임하는 친구와 언쟁이 발생하는 경우에는 바로 감정적으로 대하지 않고 그 상황에 대해 곰곰이 생각하면서 답을 합니다. 그리고 저는 프로게이머로서의 성공이 가장 큰 목표이고 이러한 커뮤니케이션은 성공하기 위해서는 꼭 겪어야 할 부분이라고 생각하기 때문에 멘탈이 흔들리기보다는 싸움을 다툰 동료랑 진솔하게 얘기하면서 풀어가도록 노력할 것입니다."

이런 느낌으로 답변한다면 분명히 즉흥적인 답변보다는 좋은 답이 될 것이다. 본인의 성격, 그리고 게임에 대한 열정 등과 연관된 답변을 하는 것이 가장 중요하다.

[프로게이머가 되기 유리한 역할과 자질]

위에서 설명한 프로게이머 되는 과정들은 일반적인 모집 공고를 보고 지원서를 낸 경우이다.

하지만 스카우트 또는 아마추어 대회 입상 등을 통해서 프로게이머가 되는 경우들도 매우 많다. 리그오브레전드 챌린저, 발로란트의 레디언트, FC 온라인의 슈퍼챔피언스 등 높은 솔로 랭크 티어일 경우 팀의 코칭스태프 또는 프로게이머 선수들의 추천을 받아서 테스트를 받는 경우들이 종종 있는 편이다.

요즘 대부분의 e스포츠 종목은 솔로 랭크에서 잘하는 선수의 플레이를 관전할 수 있게 되어 있다.

그래서 코칭스태프가 따로 관전하거나 또는 본인 팀 소속의 선수들과 함께 솔로 랭크에서 하는 플레이를 보고 가능성이 보이는 유저들에게 프로게이머 관심이 있는지 확인한다. 그중에는 프로게이머가 부캐 아이디를 쓰는 경우도 있고, 프로를 도전하지 않는 개인 방송 스트리머들이 있다. 관심 있는 아마추어 유저들은 연락처를 받아서 팀 테스트를 보는 경우가 종종 있다.

이를 보면 알 수 있듯이 프로게이머가 되기 위해서 가장 기본이 되는 것은 본인이 플레이하고 있는 게임 내에서의 위치이다. 흔히 솔로 랭크 티어가 어디이고 점수가 몇 점인지가 중요하다. LOL 기준으로 대부분의 프로게이머는 그랜드 마스터 이상 챌린저 점수대를 유지하고 있고, 발로란트 기준으로는 레디언트가 대부분이라고 할 수 있다. 불멸 이하 초월자에서 프로게이머로 데뷔하기에는 쉽지 않다고 볼 수 있다. 예외로 솔로 랭크 점수가 낮더라도 팀 게임을 잘해서 연습생으로 합격하는 경우도 있지만 이런 경우는 극히 일부분이며, 낮은 티어 대의 점수로는 테스트조차 보기 어려운 것이 현실이다.

LOL 그랜드 마스터   발로란트 레디언트

프로게이머를 꿈꾸는 사람들이
꼭 알아야 할 가이드 북

[솔로 랭크 1위에서 유명 프로게이머 되기까지 – 페이커, 데프트, 카론]

스카우트로 프로게이머가 된 대표적인 사례를 살펴보겠다. 먼저, e스포츠 최고의 선수이자 네임드, 살아있는 전설인 페이커 이상혁 선수이다. 그의 데뷔는 솔로 랭크에서 두각을 보여주면서 시작됐다. 그의 고전파라는 닉네임의 아이디가 최상위권으로 올라가면서 당시 천상계 사이에서 입소문을 타기 시작했다. 그 당시에 르블랑, 신드라 등 챔프를 사용하면서 다른 플레이어를 압살하는 모습을 보여줬다.

그러나 프로게이머가 아닌 아마추어라는 사실이 밝혀졌고, 당시 SK텔레콤이 롤 팀을 창단하는 과정에서 김정균 코치가 빠르게 테스트 없이 페이커 이상혁 선수를 영입했다. 다른 모든 선수는 영입 테스트 과정을 거쳤지만, 페이커 선수만은 예외였다. 그도 그럴 것이 솔로 랭크에서 1, 2위를 다툴 정도로 실력으로는 보장이 되어 있었기 때문에 따로 테스트를 볼 필요가 없었다.

그만큼 프로게이머와 아마추어 등 많은 선수가 경쟁하는 솔로 랭크라는 공간에서의 최상위권은 어느 정도의 실력(피지컬 등)을 인정받음을 알 수 있다. 현재 활약하고 있는 많은 프로게이머 중에서는 솔로 랭크 1위를 찍어본 선수들이 많은 편이다. 최근에 중꺾마(중요한 것은 꺾이지 않는 마음) 유행어를 만들면서 리그오브레전드 월드 챔피언십에서 우승한 데프트 김혁규 선수도 프로게이머 데뷔 초반에는 솔로 랭크 1위와 2위 아이디 모두 본인의 아이디를 올려놓은 적도 있다.

발로란트 젠지이스포츠팀에 '카론' 김원태 선수처럼 혜성처럼 등장한 선수도 있다. 거의 알려진 바가 없는 아마추어가 2023년 솔로 랭크 1등을 찍은 후 젠지 테스트를 보고 11월에 팀에 합류했다. 그리고 나서 발로란트 챔피언스 투어 2024 킥오프에서 우승하고, 2024 마스터스 상하이 우승으로 아시아 퍼시픽 지역의 최초 국제전 우승을 달성했다.이쯤이면 프로게이머가 되고 싶은 분들이라면 우선 티어 점수를 높여서 프로게이머에 도전해야 한다는 것을 자연스럽게 알 수 있을 것으로 생각한다.

chapter 5

멈추지 않는 도전! 프로게이머

프로게이머의 팀 생활과 훈련 과정 엿보기

1. 9전 10기의 n.Die_Jaedong, 'JD'(이제동)

'JD'(이제동) 선수를 처음 알게된 때는 스타크래프트 준프로 자격증을 주는 대회인 커리지 매치 장에서였다. 커리지 매치에 나와서 7번 이상 떨어졌지만 꽤 잘하는 저그 유저라고 생각해서 관심 있게 지켜봤는데, 아쉽게도 그는 또 떨어지고 말았다. 그리고 2개월 뒤 나는 플러스팀의 코치로 들어갔었고, 'JD'(이제동) 선수가 온라인 연습생임을 그때 알게 되었다. 여담이지만, 나는 얼마간 시간이 지나지 않아 오영종 선수가 So1 스타리그 우승을 하면서 코치로서는 빠르게 우승을 경험했다.

당시 오영종 선수한테 'JD'(이제동) 선수가 연습생으로 연습을 도와준 적이 있는데, 같은 맵, 같은 빌드(게임 내 건물 올리는 순서, 유닛 나오는 순서 등이 동일)로, 오영종 선수의 빌드를 알고 있는 상태에서 10연패를 당할 정도로 실력이 부족한 상태였다. 사실 스타크래프트는 빌드 상성이 있어서 상대방 빌드를 알고 있으면 실력이 부족한 사람도 충분히 이길 수 있는 게임이다. 그렇기 때문에 빌드를 알고도 진다는 것은 그만큼 실력 차이가 많이 난다는 것을 의미한다.

비 시즌인 1월에 당시 감독님이 온라인 연습생 몇 명을 숙소로 불러들였고 그 중에 'JD'(이제동) 선수가 있었다. 앳된 모습에 고등학생이 힘겨워 하면서도 열심히 하는 모습이 인상적이었다. 무려 9번의 커리지 매치에서의 실패, 결승에서 아쉽게 떨어진 적도 있었는데, 주변에 같이 게임하던 사람들은 프로게이머가 되고 본인은 계속된 쓴 잔을 마시면서 얼마나 힘들었을지 쉽게 상상이 가지 않는다. 4전 5기, 7전 8기만 해도 대단한 일인데 말이다.

그렇게 오프라인 합숙 생활을 시작하게 된 이제동 선수는 2주 합숙 훈련 끝에

준 프로게이머 자격증을 주는 커리지 매치를 당당히 통과하였다. 프로게이머가 되고 싶은 열망과 끊임없는 도전이 없었다면 절대 그는 프로게이머가 되지 못했을 것이다.

[9전 10기] 정말 쉽지 않은 도전이었을 텐데 그는 해냈다. 부모님 반대를 무릅쓰고 고등학교를 자퇴하면서까지 프로게이머 도전을 했었고 그 도전 과정에서 부모님 허락을 받기까지 긴 시간을 견뎌 냈으며, 먼 울산에서 서울까지 혼자 와서 힘든 생활을 잘 견뎌내고 드디어 프로게이머가 된 것이다.

그는 첫 번째 팀원들과 내부리그 랭킹전(모든 팀원과 같은 게임 수의 연습 경기의 승패를 기록)에서 연습생임에도 불구하고 처음에 바로 3위를 기록했으며 3개월 뒤부터는 오영종 선수를 제치고 팀 내 1위를 차지, 거의 스타크래프트 선수 시절 내내 팀에서 압도적인 1위의 승률을 보여줬고, 심지어 36전 전승을 기록한 적도 있다.

이러한 팀 내의 기록을 바탕으로 그는 스타크래프트 최고의 선수 중의 한 명, 최고의 저그 선수가 되었다. 이 바탕에는 이제동 선수가 그동안 포기하지 않고 꾸준하게 노력했던 부분들이 빛을 발휘했다고 생각하고, 이를 바탕으로 팀에 빠르게 적응했기에 이런 좋은 결과들로 이어졌다고 확신한다.

시작은 다를 수 있어도, 늦을 순 있어도 부단히 노력하고 준비가 잘 되어 있다면 그 시작이 느린 부분은 충분히 커버가 된다고 생각한다. 프로게이머가 되기 위해서는 정말 포기하지 않는 열정, 끊임없는 노력이 필요하다. 그 시절을 기억하면서 최근 이제동 선수와 대화를 했었는데, 그의 말이 인상적이었다. "대회에서 많이 떨어지면서 좌절도 하고 방황도 했던 시절이었는데, 숙소 생활을 하면서 멘탈을 다시 잡고 목표도 명확하게 세웠어요. 언젠가는 프로게이머가 될 거라는 확신이 있었고, 정말 앞만 보고 달렸어요."

그 과정에서 그가 보여준 자기 관리 능력은 정말 타의 추종을 불허한다. 나와 함께 한 모든 프로게이머 중에서 인성이면 인성, 자기 관리 면 자기 관리, 열정, 노력 등 다양한 방면에서 정말 최고의 프로게이머였다고 자신 있게 말할 수 있다.

나뿐만 아니라 많은 e스포츠 관계자들이 인정하는 선수이고 프로게이머의 모범이 되는 선수라고 생각한다. 2005년부터 2024년 어느덧 20년 가까운 세월이 흘렀지만, 아직도 먼저 인사를 건네고 구설수 하나 없는 그가 자랑스러움을 넘어서 존경스럽다.

프로게이머를 꿈꾸는 사람들이
꼭 알아야 할 가이드 북

2. 시작은 미약하지만, 나중은 아무도 모른다. 'Chovy'(정지훈)

용두사미, 대기만성 여러분들이 분명히 한 번쯤은 들어봤을 만한 사자성어일 것이다. 프로게이머 중에서는 화려하게 데뷔했으나, 쓸쓸하게 사라지는 경우들이 있으며, 처음에는 이목을 받지 못했으나 나중에는 확 빛난 선수들이 있다.

이번에는 현재 젠지e스포츠 LOL 팀에서 활약 중인 '쵸비'(정지훈) 선수에 대해서 얘기해 보려고 한다. 2017년 리그가 끝나고 진에어 그린윙스팀은 다음 시즌을 준비하는 프로게이머를 테스트 중이었다. 당시에 미드에는 '쿠잔'(이성혁) 선수가 있었고, 팀에서 나가기로 어느 정도 서로 합의가 되어 있는 상황이었다. 그래서 미드 테스트를 중점적으로 봤었고, 그중에는 아마추어에서 제법 알려진 지원자도 있었었다.

이때 개인적으로 솔로 랭크를 확인하던 중 잘 모르는 아이디가 챌린저 티어 입구 점수인 500점에 진입하는 것을 관찰했다. 당시 일주일 정도 지켜봤었는데 솔로 랭크 점수가 200점에서 500점으로 오르는 모습을 보고 바로 친구 추가를 신청하고 온라인으로 아마추어임을 확인한 후 진에어 팀 테스트를 보자고 했다.

몇 차례 테스트 게임을 했었고, 그 당시 미드 라이너 '쿠잔'(이성혁) 선수(팀과 선수 합의로 나가기로 결정된 상태)가 '쵸비'(정지훈) 선수의 플레이를 보게 되었다. 본인은 절대 저 친구한테는 라인전을 안 질 자신이 있다고 했고, 지면 본인이 프로게이머 은퇴하겠다는 소리를 할 정도로 '쵸비'(정지훈) 선수의 플레이는 눈에 띄지는 않았다. 반면에, 아마추어에서 이름이 있던 지원자는 '쿠잔'(이성혁) 선수 상대로 좋은 모습을 보여줬고 테스트 평가도 준수했다.

개인적으로는 솔로 랭크를 치고 올라온 '쵸비'(정지훈) 선수의 발전 가능성이 보였지만, 진에어 팀은 현재 잘하는 선수 한 명만 받아서 미드 라이너를 해야 하는 입장이었고, 테스트 때 좋은 모습을 보여준 아마추어 선수가 들어오는 게 당연한 수순이었다. 그리고 얼마 지나지 않아 2017 KeSPA 컵에서 진에어 팀으로 뽑힌 선수와 상대 팀으로 KeG 광주팀의 '쵸비'(정지훈) 선수와의 맞대결이 있었다.

진에어 선수는 탈리야 챔피언으로 좋은 모습을 보여줬고, '쵸비'(정지훈) 선수는 아지르 챔피언으로 좋은 모습을 보여줬다. 서로 솔로킬을 내는 모습도 보여주면서 치열한 경기를 했지만, 경기력 측면에서는 진에어 선수가 더 좋은 모습을 보여줬고, 경기 결과도 2 대 1로 진에어 팀의 승리였다. 당시 나는 더 많은 솔로킬을 기록했고 팀을 승리로 이끈 진에어 선수의 활약을 보면서 선수를 잘 뽑았다고 생각했었다.

둘의 시작은 이러했다.
그런데 현재는 어떠한가?

결로부터 말하면 한 명은 우승하는 선수가 됐고, 한 명은 사실상 2022년 이후 활동이 없는 은퇴 프로게이머가 됐다.

그렇다고 '쵸비'(정지훈) 선수의 길이 마냥 순탄치만은 않았다. 그리핀 팀 내에서 래더 신형섭 선수와 치열한 주전 경쟁을 펼쳤었고, 주전이 된 이후에 멋진 활약을 보여줬지만, 최고의 모습은 아니었다.

2018년 LCK Summer 시즌 이후 2022년 LCK Spring 시즌까지 총 8번의 시즌 중에 5번을 결승에 진출했지만, 그 결승전 모두 준우승을 차지하면서 콩라인(홍진호 선수 별명에서 나오는 말로 1등을 못 한 채 2등만 줄기차게 한 사람이 포함되는 라인) 에 들어가기도 했었다.

인 게임 내에서 캐리하는 모습을 보여주면서 팀을 월드 챔피언십 진출로 이끄는 등 멋진 활약을 보여줬지만, 최고의 선수가 되기까지는 좌절이 존재했고 이겨내는 과정들이 쉽지 않았을 것이라는 사실은 누구나 쉽게 생각할 수 있는 부분이다.

'쵸비'(정지훈) 선수는 이때의 기억을 "아마추어에서 프로팀의 주전 선수로 가기까지 6개월 동안 많은 우여곡절을 겪었는데요. 저는 팀이 질 때마다 부담감을 많이 느꼈고 힘들었어요. 저 때문에 졌다는 생각이 들었고, 그런 감정들을 다시는 느끼기 싫어서 정말 게임만 생각하고 열심히 연습했습니다." 라고 회상했다.

그런 과정들을 이겨내고 마침내 2022년 LCK Summer 우승했다. 무려 4년만에 우승컵을 들어 올린 것이다. 이후 국가대표로 출전한 2023년에 열린 항저우 아시안 게임에서 리그오브레전드 종목 자랑스러운 금메달을 획득했다.

그리고 그동안 항상 따라다녔던 '국제 대회에서의 부진하다'는 평가도 2024년에 열린 MSI(미드 시즌 인비테이셔널)에서 한국 팀이 무려 7년 만에 우승을 차지하면서 그런 모든 평가를 불식시켰다.

개인적으로는 '쵸비'(정지훈) 선수가 국제 대회에서 부진하다는 평가를 받았을 때도 분명 국제 대회에서 더 좋은 모습을 보여줄 거라는 기대감을 갖고 있었는데, 이번 우승으로 그걸 증명해 내서 기뻤고, 앞으로 있을 국제 대회에서도 좋은 모습을 보일 거라는 믿음으로 선전을 기원한다.

반면에 진에어에서 선수 생활했던 선수는 아마추어 시절에는 나름 미드 유망주로 평가받았고, KeSPA 컵에서 '쵸비'(정지훈) 선수를 3번 이상 솔킬 내면서 상당히 인상적인 데뷔전을 했었다.

분명 시작 자체는 '쵸비'(정지훈) 선수보다도 더 좋게 시작했었다. 물론 성장 과정에서 팀, 선수, 코칭스태프, 메타 패치 등 다양한 변수들이 있었을 것이다. 여기에서 강조하고 싶은 사실은 '쵸비'(정지훈) 선수는 앞만 보고 달렸다는 것이다.

그리핀 팀에 들어가서 래더 신형섭 선수와 경쟁했고, 결국 주전 자리를 차지했으며, 계속 실력을 발전시켰다. 그런데 진에어 선수는 온전히 게임에 올인을 하지 못했다. 일주일에 한 번 이상은 종교적인 활동으로 인해 연습하는 시간이 남들보다 부족할 수밖에 없었고, 프로게이머 1년이 지나고 재계약 할 시점에 그는 프로게이머를 그만두려고 했었다. 학교에서 공부를 꽤 잘했었기에 다시 다니려고 했었고, 근 한 달간 게임에 전념하지 못했다. 힘들게 설득한 후 다시 프로게이머로 복귀했지만, 그의 실력은 한 달간의 공백 때문인지 더 많은 발전이 있지는 않았다.

톱클래스의 선수로 성장하지 못하는 데에는 다양한 이유가 있겠지만, 그동안 많은 프로게이머를 봐 오면서 느낀 점은 중간에 다른 길로 빠지는 친구들 대부분은 그 시간만큼 성장이 멈추고 발전이 더디다는 점이다. 프로게이머를 목표로 삼았다면 중간에 절대 흔들리지 말고 최선을 다해서 앞만 보고 달리기를 바란다. 그렇게 해야 바늘구멍을 뚫고 성공한 프로게이머가 될 수 있다.

3. 실력뿐만 아니라 중요한 멘탈 관리, 'Teddy'(박진성)

'테디'(박진성) 선수는 2016년 LCK 2군 리그라고 볼 수 있는 LCK 챔피언스 팀인 위너스에 입단했고 2016년 시즌 말에 진에어 그린윙스 팀 테스트를 일주일 만에 합격했었다. 앞서 말씀드렸던 '엄티'(엄성현) 선수와는 사뭇 다른 행보를 보인 선수이다.

그는 테스트 때 자신감이 넘쳤고 톡톡 튀는 성격을 가지고 있어, 나는 그의 장점이 프로게이머 생활에 있어 약간의 불안 요소가 될 수 있다고 판단했다. 그에게 칭찬보다는 실력 부분에서 더 발전해야 한다고 강조하며 인성적인 부분에서는 더 타이트하게 관리를 했다. 실제로 2017년 초에 약간의 불미스러운 사고가 있었고 그 이후로는 나는 그를 더 철저히 관리했었던 기억이 난다.

2017년 진에어 그린윙스는 신예들이 많이 포진된 가운데 하위권에 속해 있었고, '테디'(박진성) 선수는 팀 넥서스(리그오브레전드 마지막에 부서지는 건물, 깨지면 패배한다)라는 별명이 붙을 정도로 에이스로 활약했다.

일반적인 팀 게임에서 본인이 활약하고 팀원들이 못하는 경우에는 많은 선수들이 멘탈적으로 흔들린다. 한두 번이면 팀원들을 믿고 열심히 하겠지만 그는 시즌 내내 에이스 역할을 하면서 팀원들의 부족한 부분을 본인의 캐리력으로 메꾸면서 좋은 활약을 펼쳤다.

그때 당시 그가 한 말이 기억에 남는다.

"저는 프로게이머로서의 성공이 목표이기 때문에 어떠한 경우에도 흔들리지 않으려고 노력해요. 주변 동료들의 경기력보다 제가 멋진 플레이를 보여주고 만족할 수 있는 경기력을 보여주느냐가 더 중요하다고 생각해요."

실제로 그는 다른 라인에서 많은 죽음을 기록한 선수가 있었음에도 불구하고 흔들리지 않고 게임이 끝날 때까지 한 번도 죽지 않으면서 팀을 승리로 이끈 적이 꽤 많았다. 오히려 라인전 CS(미니언, 게임 내 챔피언이 처치하면 경험치와 돈을 준다)를 놓치는 본인의 실수에는 크게 안타까워하곤 했다.

이러한 마인드가 나는 그를 성공으로 이끌었다고 생각한다. 물론 팀원을 믿었기 때문에 흔들리지 않았다고 하는 답변이었어도 좋았을 것이다. 하지만 그의 말을 듣고 나서 나는 그의 성공에 대한 열망을 느꼈고 이 선수라면 꼭 성공할 거라는 확신이 있었다. 그래서 2년여 동안 함께했고, 그를 최고의 팀인 SK텔레콤(지금의 T1)으로 보냈었다.

곧바로 해당 시즌에 그는 맹활약하면서 팀의 우승에 공헌했고 커리어 첫 우승을 경험했다. 이후 광동 프릭스-리브 샌드박스(현 BNK 피어엑스) 팀을 거쳐서 2024년 DRX 팀의 주전 원거리 딜러로서 활약하고 있다.

현재 DRX 팀 전력은 약간은 진에어 때와 비슷한 느낌으로 흘러가는 상황이어서 현재 성적은 좋지 못하다. 그래서 '테디'(박진성) 선수의 멘탈이 걱정돼서 응원 문자를 보냈었는데 답장이 이렇게 왔다.

"진에어 수련법 가보자잇!"

PLAYER OF T

ZEUS 11 / 4 / 7

프로게이머가 되려면
꼭 해야 할 세 가지

프로게이머가 되려면 꼭 해야 할 세 가지

첫 번째, 목표 설정

대부분의 프로게이머 지망생, 아마추어 유저들은 무작정 게임만 주야장천 한다. 게임을 많이 하면 무조건 티어가 오르고 어느새 프로게이머가 될 거란 막연한 생각을 하는 경우들이 많다.

하지만 프로게이머 도전 과정은 절대 쉽지 않다. 힘겹게 프로게이머 연습생이 된다고 해도 포기하고 그만둔 선수들이 실제 프로게이머들보다 수배는 더 많다.

[저 은퇴할래요 – 이병렬]

스타크래프트, 스타크래프트 2 프로게이머였던 이병렬 선수, 그는 스타크래프트 2로 IEM 월드 챔피언십 우승자로 별명이 빅가이다. 단 기간에 큰 대회에서 2

번이나 우승할 정도로 강한 멘탈을 갖추고 있고, 강력한 후반 운영을 잘하는 저그 유저이다. 2010년부터 2022년까지 프로게이머 생활 이후, 국방의 의무를 다하고 2024년 3월 전역했으며 곧바로 GSL예선을 통과하기도 했다.

그는 정말 힘겹게 프로게이머가 됐고, 팀 내에서는 이제동, 박준오, 방태수 선수 등 강력한 저그들 속에서 조금씩 성장하면서 발전하는 모습이 보이는 연습생이었는데, 어느 날 찾아오더니 "코치님 제가 잘하는지도 모르겠고, 발전하는지도 모르겠습니다. 그만두고 싶습니다."라고 말했다. 연습생 생활 딱 3개월 되던 시점이었다.

오랜 기간 프로게이머에게 연습시키고 장기적으로 선수를 육성하는 코치 입장에서는 너무나도 황당한 말이었다. 이제 고작 3개월 지났는데, 포기라니? 그만두고 싶다니. 일단은 당황함을 거둬두고 우선 3개월간의 이병렬 선수의 생활, 현재 게임 실력, 게임 발전 속도, 앞으로의 가능성에 대해서 자세히 이야기를 해주었다.

면담을 통해서 느꼈던 것은 이병렬 선수가 확실한 목표 의식 부재와 단계별 목표가 설정되어 있지 않다는 것이다. 예를 들어 팀 내에서 연습 경기 시 목표 순위는 어떻게 되는지, 개인 리그 예선을 어디까지 올라가고 싶은지, 프로 리그 출전을 하고 몇 승을 하겠다는 구체적인 목표가 없었다.

시간 가는 대로 팀에서 시키는 대로 연습만 하다 보니 목표도 불분명해지고, 막내 생활도 심적으로 힘들고 어느 순간 동기 부여가 되지 않자 그만두고 싶다고 말한 것이었다. 이 때 은퇴했더라면 지금의 이병렬이라는 프로게이머는 없었을 것이다.

[후회가 없을 만큼 최선을 다했는가?]
난 항상 그만두고 싶다고 말하는 프로게이머들에게 다시 한번 반문한다. "후회가 없을 만큼 열심히 했느냐?" 그 정도만큼 했는데, 그만두고 싶다고 하면 그만둬

도 좋다고 말한다. 100명 중의 99명은 다시 열심히 하겠다고 돌아간다. 그리고 더 발전한 모습을 보여주곤 한다. 프로게이머 도전, 프로게이머 성공도 마찬가지이다.

확실한 동기부여를 위한 목표 설정, 그리고 꾸준하게 메모하는 습관을 들여야 한다. 프로게이머 '쵸비'(정지훈) 선수, 전 프로게이머 '칸'(김동하) 선수 등 많은 선수가 개인 방송 중에 메모장이 노출되기도 한다. 정말 많은 내용을 빡빡하게 써 가면서 하루에도 몇 번을, 메모장을 확인하고 새로운 내용들을 기재한다. 반복된 실수를 줄이고 게임에 유익한 정보를 계속 배워가는 과정들이다.

이 과정들은 본인의 확실한 목표 설정이 있기에 그 목표에 다가가기 위해 자연스럽게 나타나는 일련의 과정들이다. 이러한 노력이 있어야만 프로게이머의 여정이 시작되며, 성공 확률도 더 높아지는 것이다.

이쯤에서 "언제까지 프로게이머 도전을 해야 할까요", "저는 게임 재능이 있을까요?"라고 물어보는 아마추어 유저들에 대한 답을 하고 가려고 한다. 프로게이머 도전 과정에서 현재 본인의 위치 그리고 앞으로의 도전을 계속할지에 대한 고민이 많을 것이다. 내가 게이머로서 재능이 있는지, 성공할 수 있는지, 언제까지 도전해야 하는지 정말 궁금할 것이다.

오랜 기간 도전하면서 언젠가는 점수 오르겠지, 언젠가는 프로게이머가 될 거라고 시간을 낭비하면서 게임을 오랜 기간 하는 지원자들이 있다. 확실한 팁을 드리자면 3개월 또는 6개월 단위로 점수 또는 티어에 대한 확실한 목표 설정을 하고 성공하게 되면 계속 프로게이머 도전을 이어가고 실패하면 과감하게 프로게이머 도전을 포기하는 방법이다.

확실한 목표를 정하고 끊임없이 노력해야만 경쟁력이 있는 지원자가 될 수 있고, 그렇지 못할 경우에는 빠르게 새 길을 찾는 게 좋다고 말해주고 싶다.

나의 목표를 설정해봐요!

✓ Choice1. 단기적인 목표
6개월 내 단기간의 목표 설정

✓ Choice2. 장기적인 목표
프로게이머 중 목표, 최종 목표 설정

● 분명하고 구체적인 목표

● 현실에 맞는 설정

● 경쟁성 있는 목표

● 중간 단계 목표 체크

두 번째, VOD와 리플레이를 활용한 전략 수립

[VOD와 리플레이 활용하기]

두 번째는 무작정 게임 수만 늘리지 말고 VOD와 리플레이를 잘 활용하라고 매우 강조하고 싶다. 프로게이머가 되기 위해서는 높은 티어, 높은 점수를 기록해야 하므로 많은 프로게이머 지망생이 한 게임 끝난 이후로 바로 다음 게임을 찾는다. 승패와 상관없이 본인 게임에 대한 피드백이 없는 상태에서 새로운 게임을 시작하는 것이다. 다시 반복된 실수를 할 경우도 있고, 패배의 원인을 모른 채 의미 없는 게임을 하기도 한다.

본인이 죽는 상황에서 어쩔 수 없는 죽음이었는지, 최선의 플레이를 할 수 있지는 않았는지, 더 좋은 방법은 없었는지를 확인하지 못한 채 무한 반복하는 것이다. 프로게이머를 준비하는 지망생들이 똑똑한 친구들이 많고 머리도 좋다고 생각하는 경우들이 많지만, 사람은 누구나 시간이 지나면, 알고 있는 사실들을 잊어버리곤 한다.

본인 플레이에 대해 '아 실수했지. 하지 말아야지.' 하고 지나가는 것과, 리플레이를 통해서 이때 어떤 컨트롤 실수가 있었고, 어떤 상황 판단을 해야 했는지를 제대로 확인하고 넘어가는 것은 정말 큰 차이가 있다.

[살이 되고 피가 되는 메모장]

여기에서 얻은 좋은 정보들을 첫 번째에서 설명했던 메모장에 기록해 두면 정말 좋다.

예를 들어보겠다. 내가 탑솔러이고 크샨테로 라인전을 하는데, 잭스를 만났을 때의 1렙부터 라인전 딜교는 어떻게 해야 하는지, 레벨이 올라갈수록 구도는 어떻게 되는지, 1코어 템이 나왔을 때 서로 간의 딜교환은 누가 더 우위인지 등 기본적으로 알고 있는 내용 이외에 새로운 정보들을 계속 기록하면서 가면 좋다.

그러면 다음번 경기에서 같은 게임의 양상이 나오게 되면 그때 꿀팁을 본인이 미리 확인하고 라인전을 더 잘할 수 있게 될 것이다. 그러면서 잘못된 정보는 고치고 새로운 정보들을 계속 업데이트하게 된다면 자기만의 노하우 메모장이 될 것이다.

지금까지 안 해 본 지망생이라면 앞으로는 꼭 해보자. 리플레이 보고 얻은 좋은 교훈들은 피지컬적 부분뿐만 아니라 뇌지컬적 부분까지 꼼꼼하게 리플레이로 확인하고 적어보자. 분명 큰 도움이 될 것이다.

[프로들의 경기를 많이 보자]

마찬가지로 프로들의 경기 VOD를 많이 시청해라. 대부분의 게임이 자주 패치하고 게임 양상이 바뀌는 경우들이 많다. 가장 트렌디하고 빠르게 실력을 업그레이드하는 방법은 잘하는 프로게이머의 경기를 보고 배우고 그것을 자기 것으로 만드는 것이다. 잘하는 플레이, 창의적인 플레이를 보고 그대로 실현하면서 하면 실력이 조금씩 향상됨을 본인 스스로 느낄 수 있을 것이다.

그리고 요즘에는 개인 스트리밍이 정말 잘 되어있다. 본인이 원하는 게이머의 개인 화면을 스트리밍 사이트(아프리카, 유튜브, 네이버 치지직 등)를 통해 쉽게 확인할 수 있다. 순간적인 움직임은 어떻게 하는지, 이런 상황일 때 어떤 생각으로 게임을 하는지 등등, 프로게이머의 세세한 마우스 컨트롤뿐만 아니라 그들이 소통하는 모습을 보면서 어떤 생각까지 하게 되는지 알 수 있는 부분이다. 이 얼마나 시스템이 잘 되어 있는가? 배우고 싶은 플레이를 따라 하며 배울 수 있고, 본인의 부족한 점을 확인할 수 있으며, 본인의 발전 방향까지 다 알 수 있는 스트리밍을 꼭 봐야 하지 않을까? 여기에 최신 트레드와 팀 게임 운영 방식 등을 배울 수 있는 대회 VOD까지 보고 배울 수 있는 게 정말 많다.

그러면 "게임하기에도 바쁜데, VOD 볼 시간이 부족해요! VOD 보는 것보다 한 게임 더 하는 게 더 좋은 거 아닌가요?"라고 물을 수 있다. 내 프로게임단 코치, 감독 경력 16년, 아카데미 강사 경력, 현재 대학교에서 많은 학생을 가르치고 있는 교수로서 단호하게 말할 수 있다.

"한 게임 더 하는 것보다 대회 경기 VOD 하나 보는 게 더 큰 도움이 돼. 훨씬 더 유익한 방법이야."

시간이 부족한 지망생들은 게임 큐 잡히는 시간대에 인터넷이나 다른 걸로 시간을 낭비하지 말고 필요한 VOD를 틈틈이 보면 좋다. 간단한 방법이지만 실행하고 습관을 들인다면 지금, 이 글을 보고 있는 당신은 남들보다 더 효율적으로 시간을 쓰고 있게 되는 것이다.

이게 습관이 되고 반복이 된다면 똑같은 시간을 연습한 다른 사람들보다 최소 하루에 한 시간 이상을 효율적으로 쓰는 것이고, 남들보다 열심히 한다고 자부할 수 있을 것이다.

세 번째, 건강한 생활(규칙적인 생활)

프로게이머가 되기 위해서는 건강한 생활, 그 중에서도 규칙적인 생활이 필수적이다. 얼핏 보기에는 참 쉬워 보인다. 그런데 이 규칙적인 생활 안에는 성실함, 멘탈 컨트롤, 프로게이머가 되기 위한 동기 부여 등 꼭 필요한 부분들이 많이 포함되어 있다. 매일 본인의 솔로 랭크 게임 수를 기록하고 여기에 덧붙여 승패, 더 자세하게 들어가면 챔피언 또는 요원에 대한 기록 또는 본인 플레이애 대한 기록, 팀 게임에 대한 정보 등을 기록하면서 하면 좋다. 더 나아가서는 그날의 본인의 기분 상태 쉽게 말해서 멘탈이 언제 흔들리고 어땠는지를 기록해 두면 좋다.

[불규칙 생활의 부작용]
빨리 잘해지고 열심히 하려고 하는 지망생들 대부분이 새벽 늦게까지 게임을 한다. 그래서 다음 날 시간 패턴이 때에 따라서는 피곤하다고 일찍 자는 경우도 있고 비몽사몽인 상태로 또 늦게까지 연습하는 경우들도 있다. 정말 좋지 않은 습관이다. 프로게이머 테스트를 보고 합격한 대부분의 초반 프로게이머는 이런 연습 습관이 그대로 남아있다. 연습실에서 밤새워 연습하다 연습실에서 자는 친구들도 있으며, 심지어 날을 새는 친구들도 있다.

그날의 연습 기록만 보면 당연히 다른 경쟁자들보다 게임을 많이 했을 것이다. 그런데 다음 날을 보면 스크림 경기에서 비몽사몽으로 게임을 하면서 기본적인 실수를 한다. 집중력이 떨어지기 때문에 나오는 실수들이다. 이런 연습 과정은 본인에게도 팀에게도 매우 비효율적인 시간이다. 제대로 된 구도 연습을 하는 게 아니라 한 사람 때문에 팀 게임이 망가진 채로 진행되는 경우를 매우 많이 봤었다.

이럴 때마다 연습이 끝난 이후로 그 프로게이머들과 면담하곤 한다. 늦게까지 연습을 한 다음 날의 개인 연습은 그 전날보다 훨씬 적게 하게 되고, 보통의 날과 비교했을 때도 적은 게임 수로 끝난다. 결론은 이틀 동안 평균적으로 한 게임보다 특별히 게임을 많이 하거나, 점수(티어)가 확 오른 경우는 거의 없다. 여러분들 중에서 그런 경험이 있는 분들이 분명히 있을 것이다.

피곤한 상태로, 멍한 상태로, 멘탈이 흔들린 상태로 게임을 5시간을 더 했다고 가정해 보자. 5시간 전과 5시간 후를 비교해 보면 정말 대부분 사람의 점수가 많이 떨어져 있다. 정말 잘해야 비슷한 점수로 마무리한다. 정말 신기하게도 이런 부분은 내 느낌이 아니라 수년간 선수들을 지켜보면서 통계를 내본 나의 경험으로 말씀드리는 것이다. 추가로 더 말씀드리자면 여유 시간 즉 여가 생활을 잘해야 한다.

[현명한 여가 생활]

프로게이머 도전자, 지망생이라고 일주일 내내 게임만 하고 살 수는 없다. 분명히 본인만의 휴식이 필요하다. 잠깐의 시간이라도 몸의 휴식, 마음의 안정이 필요한 것이다. 이러한 여유와 쉴 틈 없이 게임만 하게 되면 빨리 지치게 되고 동기부여도 잃게 된다. 더불어 마음도 조급해지면서 금방 포기하는 경우들이 많다.

중요한 것은 어떻게 여가 생활을 해야 하는지, 어떻게 휴식을 취해야 하는지 모르는 아마추어 유저들이 정말 많다는 것이다.

여러분들이 잠시 게임을 잊고 행복감을 느낄 수 있는 일이 있는가?

여러분들이 게임 이외에도 취미라고 할 수 있는 게 있는가?

곰곰이 생각해 볼 필요성이 있다.

[너는 여가 시간에 뭐하니?]

나는 함께했던 많은 프로게이머들에게 종종 물어봤었다.

"너는 쉬는 날 어떻게 보내?", "스트레스는 어떻게 풀고 지내?"

여가 시간에 게임적인 스트레스를 조금이나마 풀 수 있는 활동을 하게 된다면 이 잠깐의 휴식이 가뭄에 단비 같은 좋은 시너지로 이어진다. 그동안 수백 명의 프로게이머들에게 물어봤었고 정말 다양한 답들이 나왔고, 재미있는 대답들도 꽤 많았다.

"혼코(혼자 노래 부르는 노래방) 가서 노래를 부르면 스트레스가 날아가요"

"저는 그동안 못 잤던 잠을 쉬는 날에 몰아서 자요"

"저는 사람을 만나면 기분이 풀리고 잠시나마 게임을 잊고 살아요"

"저는 맛집 가서 맛있는 거 먹는 게 좋아요"

"저는 집에 가서 엄마가 해준 맛있는 음식을 먹으면 스트레스가 풀려요"

"저는 운동을 해서 땀을 빼면 다음 날 게임이 더 잘 돼요" 등등 정말 다양하다.

그중에서 정말 많이 나온 답변 중의 하나가

"저는 게임을 해서 이기면 그동안의 스트레스가 풀려요"라고 한다.

누가 프로게이머 아니랄까 봐 프로게이머다운 답변이다. 그런 대답을 한 친구들의 대부분이 승부욕이 강하고 매우 성실한 친구들이다. 이게 나쁘다는 게 아니다. 정말 그걸로 스트레스가 풀린다면 쉬는 날에도 게임하면 된다.

그런데 쉬는 날에 게임한다고 꼭 많은 게임에 이긴다는 보장이 있을까? 그날도 게임에서 지면 그 스트레스는 결국 일과 생활로 이어질 것이다. 그래서 나는 그 친구들에게도 꼭 스트레스를 풀만한 활동을 하라고 한다. 공원을 산책하거나 재미있는 영화나 드라마를 보라고 권장하기도 한다.

물론 그 시간조차 아까워하는 친구들도 많다. 하지만 나는 꼭 말해주고 싶다. 멍한 상태로 집중하지 않은 채 게임을 15시간 이상 연습하는 것보다, 하루에 10시간을 집중력 있게 연습하고 남은 시간은 VOD를 보거나 자기만의 시간을 갖는 게 더 좋은 연습 방법이 될 수 있다.

그래서 연습하는 동안에는 최대한 건강한 정신 상태로 게임에만 집중할 수 있는 정신적, 육체적 상태를 유지하라고 하고 싶다. 이 책에 나와 있는 내용을 모두 읽고 실천하는 독자라면 분명 프로게이머로 가는 길에 남들보다는 빠르게 다가갈 수 있다고 확신한다.

[프로게이머 건강 관리 TIP]

위에서 언급한 규칙적인 생활 습관 만들기, 여가 시간을 활용한 스트레스 날려버리기 등을 이미 실천하고 있는 사람이라면 어느 정도는 건강을 신경 쓰고 있다고 봐도 무방할 것이다. 하지만 경력이 많은 프로게이머들조차 건강에 대해서 무관심하고 관리를 안 하는 선수들이 꽤 있는 편이다. 여러분들이 생각하기에 프로게이머 신체 부상 비율 중 가장 많이 차지하는 신체 부위는 어디일까?

e스포츠 선수들의 손상 실태 조사를 보게 되면 이렇게 나타난다.

e스포츠 선수들의 손상 실태 조사*

41%
척추 손상

36%
손목 통증

23%
팔꿈치 건염, 인대 손상,
근력 저하

또한 경기력에 신체 손상이 미치는 영향은 90%이며, 운동을 통한 부상 방지 효과는 90% 정도의 효과가 있다.

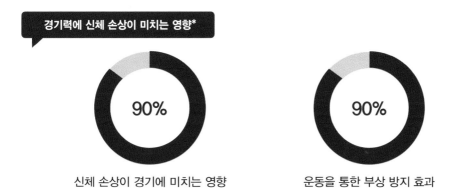

경기력에 신체 손상이 미치는 영향*

90%
신체 손상이 경기에 미치는 영향

90%
운동을 통한 부상 방지 효과

* 〈e-sports 선수들의 신체 손상에 관한 실태 및 연구 / 김경빈, 국민대학교 대학원 / 석사 학위 논문〉에서 발췌한 내용입니다.

가장 간단한 건강 관리 TIP을 말하면 여러분들은 '에이~ 별거 아니네'라고 할 수 있지만, 정말 중요한 건강 관리법에 관해서 얘기해 보겠다.

먼저 게임 시작 전에 필수적으로 스트레칭을 하는 것이다.
특히나 손목, 목, 허리 등을 중점적으로 스트레칭을 해주면 좋다. 무리한 근육 운동이 아닌 인터넷에 나와 있는 아주 쉽고 간단한 스트레칭 방법을 하면 된다. 그리고 한 게임 끝난 이후에 바로 다음 게임을 하기보다는 가볍게 주위를 한 바퀴 돌거나 스트레칭을 다시 한번 해주면 좋다. 정말 간단한 동작들인데, 이를 간과하고 넘어간다.

그리고 또 하나의 팁은 최대한 의자에 정자세로 앉아서 하는 것이다.

프로게이머 중 자세가 정말 엉망인 경우들이 많다. 한 쪽 다리를 올리거나, 목을 컴퓨터 쪽으로 당겨서 연습하거나, 쉬는 타임에는 엉덩이를 의자 앞쪽에 걸쳐서 쉬는 경우들이 있는데 이는 허리에 큰 무리가 간다.

다리를 바닥에 놓고 무릎은 90도를 유지하는 게 좋으며, 허리는 최대한 등받이에 붙이는 게 좋고 턱은 가볍게만 당기면서 목은 앞으로 쏠리지 않게 주의하면 된다.

현 프로게이머 중에서 바른 자세를 잘하는 선수로는 OK저축은행 브리온 에포트(이상호) 선수가 잘 알려져 있다.

요즘에는 팀들이 프로게이머 건강에 많은 관심을 두고 시스템적으로 관리 중이다. 정기 검진을 지원하는 팀들이 많아지고 있으며, 선수들의 심리 상담을 지원하는 프로그램이나 심리상담 교수 또는 의사를 직접적으로 연결해서 관리하고 있다.

건강은 미리 예방하는 게 가장 좋으며, 관련해서 혼자만 생각하지 말고 팀과의 소통을 꾸준하게 해야 한다. 팀 상황이 여의찮을 경우에는 본인 스스로 경각심을 갖고 조금의 이상이 느껴진다면 병원을 찾아가는 게 좋다. 심리적인 문제 발생시에는 신뢰가 가는 코칭스태프 또는 프런트(사무국) 직원과 꼭 상담을 하길 바란다. 이러한 부분들을 프로게이머, 프로게이머 지망생뿐만 아니라 부모님들도 관심을 가진다면 프로게이머로 오랜 기간 활약할 수 있을 것이다.

프로게이머의 하루 체크리스트

게임 시작 전에 스트레칭 했는가?	O	X
나는 오늘 올바른 자세를 취하려고 노력했는가?	O	X
목표한 게임 수 또는 게임 시간을 달성했는가?	O	X
게임 후에 리플레이 또는 메모장을 활용하였는가?	O	X
오늘 프로 경기를 시청하였는가?	O	X
오늘 나의 멘탈은 많이 흔들렸는가?	O	X
멘탈이 흔들릴 경우 나는 멘탈을 잡기 위해 노력을 했는가?	O	X
나는 오늘 한 번이라도 즐겁게 웃은 적이 있는가?	O	X
내가 설정한 목표에 대해 생각하면서 오늘 집중했는가?	O	X
내일 연습에 대한 계획은 세웠는가?	O	X

- e스포츠 경력 13년차

- 前 인벤 기자

- 前 엑스포츠뉴스 기자

- 現 포모스 e스포츠팀 기자

chapter 7

성공한 프로게이머의 대명사, '페이커'

서 열린 월드 챔피언십 결승에서 0대 3으로 패하고 눈물을 쏟은 후 7년 만입니다. 2023년 월드 챔피언십의 슬로건인 'THE GRIND, THE GLORY'처럼 인고의 시간을 겪고 다시 영광의 자리에 복귀한, 그야말로 소설과도 같은 이야기였습니다.

중국 고사성어 중에 '창업은 쉽지만, 수성은 어렵다'라는 말이 있죠. 중국 당나라 태종이 신하들과 나눈 대화 중 일부인 이 고사성어는 이상혁에게도 마찬가지였습니다. 그야말로 파죽지세의 기세였던 2017년까지의 시기와, 그에게 계속 증명을 요구했던 2021년까지의 시기, 그리고 지키고 유지해야 했던 재도약과 다시 영광을 얻은 지금의 시기죠.

프로게이머를 꿈꾸는 사람들이
꼭 알아야 할 가이드 북

chapter 8

전설의 시작, 그리고 찾아온 첫 고비

전설의 시작, 그리고 찾아온 첫 고비

2013년 LCK 데뷔 이후 2017년까지 이상혁에게 창업의 시대였다면, 그해 월드 챔피언십 결승 이후 2022년 다시 월드 챔피언십 결승에 오를 때까지는 그의 자리를 위협하는 많은 선수와 상대해야 했던 수성의 시대입니다.

이상혁이 아니었다면 포기했을 수도 있는 5년의 시간이었지만, 그는 끊임없는 도전 끝에 2022년 다시 월드 챔피언십 결승에 올랐죠. 그리고 2023년 이상혁은 다시 한 번 월드 챔피언십 우승을 차지합니다. 베이징에서 눈물을 흘린 후 6년 만의 일이죠.

'고전파'라는 아이디로 리그 오브 레전드 솔로 랭크 게임에 등장한 이상혁은 2013년 SK텔레콤 T1에서 데뷔해 바로 LCK 우승은 물론 월드 챔피언십 우승까지 이뤄냅니다. 당시 이상혁을 영입하기 위해 많은 프로게임단에서 그에게 구애를 보냈지만, SK텔레콤 T1을 선택한 이상혁은 지금까지도 T1에서 계속 선수 생활을 이어가고 있습니다.

아쉽게도 2014년 이상혁은 LCK는 물론 한국에서 열린 월드 챔피언십에도 출전하지 못했지만, 이 시기 와신상담을 거친 이상혁은 2015년 LCK 스프링 우승에 이어 MSI 준우승, 그리고 LCK 서머 우승과 월드 챔피언십에서도 우승합니다. 작년 무관의 한을 제대로 풀어낸 한 해였죠.

이상혁의 질주는 2016년에도 이어졌습니다. 2016 LCK 스프링에서 우승한 이상혁은 작년 준우승에 머물렀던 MSI에서도 우승 트로피를 들어올립니다. 아쉽게도 이상혁은 그해 LCK 서머 결승 진출에는 실패하지만 월드 챔피언십에서 다시 우승

을 차지하며 여전히 최고의 선수라는 것을 증명했습니다.

다음 해인 2017년 역시 LCK 스프링에서 우승한 이상혁은 MSI 역시 2년 연속 우승을 차지합니다. 2017년 LCK 서머에서 준우승을 기록한 이상혁에게 월드 챔피언십 3회 연속 우승은 따놓은 당상처럼 보였습니다. 그러나 작년 월드 챔피언십 결승에 이어 다시 결승에서 만난 삼성 갤럭시는 만만한 팀이 아니었고, 한 세트도 제대로 힘을 쓰지 못하며 이상혁의 SK텔레콤 T1은 0대 3으로 패합니다. 그리고 이상혁은 게임 결과창을 메모장으로 가린 뒤 눈물을 흘리죠.

그리고 2018년, 이상혁은 LCK 결승은 물론 국제대회도 출전하지 못하는 한 해를 보냅니다. 지금까지 달려온 시간의 반작용이었을까요. 2015년부터 작년까지 국제대회와 LCK 결승에 밥 먹듯 오르던 이상혁은 2018년 단 하나의 결승에도 얼굴을 비추지 못하며 '이상혁의 시대'가 끝난 것이 아닌가 하는 의문을 낳았습니다. 제가 이상혁과 처음으로 제대로 시간을 내서 인터뷰를 통해 이야기를 나눈 것도 바로 2018년 시즌이 끝나고 나서입니다.

기자라면 모두 당대 최고의 인물과 이야기를 나누고, 그의 이야기를 자신만의 스타일로 녹여낸 글로 기록하고 싶어합니다. 제가 이상혁을 만나고 싶었던 이유도 그렇습니다. 이상혁과는 2018년 시즌이 끝나고 일본에서 잠시 만나 이야기를 나눈 적이 있습니다. 일본에서 정식으로 LCK 송출을 기념하는 이벤트 행사에서 만난 이상혁은 일본에서도 자신의 팬이 많다는 것에 놀라워 했습니다. 특히 이번 이벤트가 진행됐던 '2018 레이지 윈터'에서 이상혁을 보기 위해서는 별도의 입장료를 내어야 했음에도 찾아온 팬들이 감사했다는 마음이었죠.

그리고 그 날은 이상혁과 4년 동안 같이했던 동료인 '뱅' 배준식의 이적 소식이 알려진 날이었습니다. 2018년 고생하면서도 성적을 내지 못한 팀원들과 헤어진다는 점에 안타까움을 전하기도 했습니다. "한 해밖에 같이 하지 않았지만, 성적이 나오지 않아 어쩔 수 없었어요"라는 마음이었죠. 특히 이상혁은 예전 동료들과 성적을 내기 위해 뭔가 해보기도 전에 팀을 떠나야 하는 동료들이 아쉬울 거 같다며 그들의 마음을 헤아리기도 했고, 자신 역시 팀원들과 헤어져 아쉽다는 마음을 보였습니다.

이상혁의 이런 마음은 단순한 아쉬움을 전하는 것이 아니었습니다. 새로운 멤버들과 다시 LCK에 나선 이상혁은 바로 다음 해인 2019년 스프링 LCK 우승을 차지합니다. 그리고 우승 인터뷰에서 이상혁은 다시 한 번 눈물을 보이죠. 2017년 월드 챔피언십 이후 두 번째입니다. 이상혁은 2018년 부진이 아쉬워서 눈물을 흘린 것이 아니라, 그때 함께 했던 동료들이 생각나서 눈물을 흘렸다고 말했죠.

"작년에 성적이 좋지 않았습니다. 그럼에도 오늘 결승에 저와 함께 한 해를 보냈던 SK텔레콤 T1 선수들이 와 줬습니다. 작년에도 함께 우승을 할 수 있었음에도 그러지 못해 아쉽습니다."라는 이야기입니다. 2018년 당시 페이커와 함께 팀에서 활동했던 '스카이' 김하늘은 코치로 다시 T1에 합류해 이상혁의 네 번째 월드 챔피언십 우승을 도왔습니다. '운타라' 박의진은 T1 소속 스트리머로 돌아왔죠.

다시 2019년 시즌 시작 전으로 시간을 돌려보죠. 저는 드디어 이상혁과 인터뷰를 진행하게 되었습니다. 최정상의 자리에서 만난 것이 아니라 다시 한 번 정상을 노리는 이상혁과의 만남이었기에 더욱 의미있는 인터뷰였습니다. 사람은 누구든 당연하다고 생각했던 것을 잃고 다시 도전하는 과정에서의 마음가짐이 달라지기 때문입니다. 이상혁이 T1이라는 팀에 갖는 의미도 들을 수 있었습니다.

"SK텔레콤 T1은 e스포츠 최고의 명문 게임단입니다. 하지만 저는 항상 이곳에 있었기에 SK텔레콤 T1은 일상입니다. 그래서 다른 생각을 하지도 않았고, 게임단 역시 제게 좋은 조건을 제시했기에 팀과 함께하고 있습니다."라고 이상혁은 말했습니다. 지금까지도 이상혁이 T1에 남아있는 이유도 같은 것이 아닐까 생각해봅니다.

한편, 이 시기 이상혁은 2018년 시즌에 관해 "배울 것이 많았다"고 전했고, 실제로 이 시기는 이후 이상혁이 프로게이머로 한 단계 더 성장할 수 있는 계기가 되었습니다. 항상 최고의 자리에 있던 선수는 자신의 성적이 떨어질 때 이를 버티지 못하고 그대로 무대에서 퇴장하는 경우도 많습니다. 하지만 이상혁은 2018년의 경험과 배움이 있기에 다시 최고의 자리에 오를 수 있었죠. 실제로 이상혁은 2018년의 아쉬움을 발판으로 더 좋은 성적을 내겠다는 이야기를 합니다.

"2018년은 안 좋은 한 해였어요. 결과도 안 좋았고, 과정도 힘든 부분이 많았죠. 하지만 힘든 부분에서도 제가 배울 게 있었습니다. 정말 많은 것을 배웠죠. 저는 e스포츠 선수로 오랫동안 좋은 경기력을 보이고 싶습니다. 그리고 작년을 거치면서 또 다른 경험을 얻었죠. 이를 발판으로 더 좋은 성적을 내기 위해 노력하겠습니다." 그리고 2019년 LCK 우승으로 약속을 지켰죠. 지금 다시 돌아보니 이상혁은 오랫동안 좋은 경기력을 보인다는 목표도 함께 이뤘습니다.

이 세상 사람들은 모두 노력하며 살고 있지만, 사람마다 노력이라는 단어는 다르게 다가오죠. 그렇다면 최고의 자리에 있었고, 다시 최고의 자리에 오르려던 이상혁에게 노력이라는 것은 어떤 것이었을까요. 이상혁은 "제가 할 수 있는 모든 일에 노력을 다하려 합니다."라는 답을 했고, 이에 관해 저는 노력은 어떤 것이냐고 되물었습니다. 그러자 이상혁은 자신의 노력에 관해 이야기를 전했죠.

프로게이머를 꿈꾸는 사람들이
꼭 알아야 할 가이드 북

"저는 제가 어떤 성적을 냈냐는 것보다, 얼마나 노력했는가로 저를 평가합니다. 제가 프로게이머로 할 수 있는 것은 노력 하나 뿐이기에, 노력이 중요하다고 생각합니다. 어떤 상황이든 최선을 다하고 싶고, 어떤 성적표를 받더라도 결과에 있어 노력이 가장 중요하다고 생각합니다. 주위 환경에 따라 결과가 달라질 수는 있어도, 주위 환경으로 제가 바뀌는 건 없습니다."

자신이 최선을 다한 노력의 과정을 더 중요시하는 이상혁은 2023년 월드 챔피언십 우승에서 결국 이 이야기를 이어나갑니다. 당시 우승 후 인터뷰에서 이상혁은 "이번 대회에서 승패에 신경쓰지 않고 과정에 집중하면 어떨까 하는 생각이었습니다. 그리고 그 과정에 집중하면 이번 대회에서 배울 것이 많다고 생각했죠. 그러다 보니 경기할 수 있다는 거 자체가 감사했고, 경기에만 몰두할 수 있어 경기력도 좋아졌습니다"라고 답했죠.

2023 월드 챔피언십에서 이상혁의 마지막 목표는 어떤 상황에서도 감정에 휘둘리지 않는 것이었습니다. "0대 3으로 패해도 웃을 수 있고, 3대 0으로 이겨도 흥분하지 않는 것을 목표로 했는데, 이러한 것을 이룰 수 있어 정말 좋습니다." 페이커가 이뤄낸 결과만큼이나 과정을 지킨 것이 지금 돌아보면 그가 대단한 선수가 될 수 있었던 이유라고 생각합니다.

빠르게 정상의 자리에 올랐다가 내려온 후 다시 정상에 오르기까지, 돌아보면 그리 긴 시간은 아니었지만 당시에는 심적으로 많이 흔들릴 수 있었습니다. 특히 프로게이머는 경기의 길이가 짧고, 연습의 한 부분인 솔로 랭크에서 같은 팀원이나 상대 팀원에게 받을 수 있는 스트레스는 상상 이상입니다. 솔로 랭크 이외에도 경기 결과와 함께 그 결과에 따르는 반응은 더욱 큰 스트레스로 다가오죠. 그렇기에, 이러한 스트레스를 꿋꿋하게 이겨낸 페이커의 서막은 아직 끝나지 않았습니다.

chapter 9

'페이커'라는 전설이 더 단단해지기 위한 시간

'페이커'라는 전설이 더 단단해지기 위한 시간

스트레스를 건강하게 풀어낼 수 있어야 프로게이머 생활을 오래 하면서 좋은 성적도 낼 수 있습니다. 반대로 이를 버티지 못한다면 아무리 좋은 기량을 가지고 있더라도 프로게이머 활동을 오래 할 수 없죠. 그래서 저는 비시즌 선수 인터뷰에서 항상 이 부분을 물어봅니다. 프로게이머로 받는 스트레스가 엄청나게 클텐데, 이를 어떻게 해소하는가 하는 질문이죠. 이상혁과 첫 인터뷰에서도 빠짐없이 이 질문에 관해 물어보게 되었습니다.

"저한테 자극은 줘도 그것이 스트레스가 되지 않게끔 합니다. 하지만 스트레스는 제가 피한다고 해서 다 피해지는 건 아니죠. 제가 스스로 주는 스트레스도 있지만, 외부에서 받는 스트레스도 있습니다. 예전에는 게임을 하면서 스트레스를 풀었는데, 요즘에는 잠시 휴식을 취하고 시간이 조금 더 지난 후에 더 좋은 결과를 내려 합니다."

그렇다면 과연 이상혁의 휴식은 어떤 것일까요. 지금이야 이상혁의 독서 사실이 널리 알려져 있죠. 국내 서점에는 이상혁이 읽은 책 코너가 따로 있을 정도로 그의 독서가 주목받고 있었습니다. 하지만 이 시기에는 이상혁의 독서가 그리 널리 알려져 있지 않았습니다. 이상혁이 책을 읽는 모습을 접하기 쉽지 않았거든요. 이 인터뷰에서 이상혁은 자신이 독서를 하는 이유를 이야기했습니다.

"잠시 휴식을 취하면서 제가 마주한 상황에 관해 스스로 자문자답을 하거나 독서를 하면서 자기 관리법을 스스로 익혔습니다. 마치 철학자가 된 것처럼 지금 상황에서 어떤 일을 해야 할 것인가 하는 생각을 했고, 이런 습관이 들어서 항상 저에게 어떤 선택이 더 좋은지 생각합니다. 이런 생각에 독서가 정말 큰 도움이 됐죠. 책을 읽으면 생각이 깊어지고, 생각의 과정에서 책의 도움을 받아 긍정적인 생각을 하게 됩니다. 독서 중에 스트레스가 풀리기도 하죠."

프로게이머라면 게임에만 몰두할 것으로 생각되지만, 이상혁의 이러한 답은 프로게이머가 그 이상으로 발전하기 위해 어떤 모습을 보여야 하는 지에 관한 기준이 되었습니다. 이제 많은 사람들이 이상혁을 인생의 롤 모델이나 멘토로 삼았기에 그의 독서는 모두의 관심사가 되었습니다. 그리고 이러한 이상혁의 모습은 자신을 포장하기 위한 것이 아닌, 자신이 정말 힘들 때 자신을 위해 시작한 것이었고 이제 인정을 받은 거죠.

이상혁도 독서가 처음부터 습관은 아니었다고 합니다. 그 역시 지금 젊은이들과 큰 차이가 없죠. 핸드폰을 보고 지내는 시간이 긴 편입니다. 2019년 인터뷰 당시 이상혁은 "아직 독서가 습관은 아닙니다. 게임단 일정을 소화할 때 책을 가지고 다니는데, 그럼에도 핸드폰을 보는 시간이 많습니다. 그래도 최근 여가 시간에는 독서의 비중이 더 높았죠. 독서를 하는 것 자체가 저에게 좋다고 생각해 습관으로 만들려고 합니다."고 밝혔죠.

아쉽게도 이상혁 역시 아직까지 핸드폰을 놓지는 못한 듯합니다. 2023년 월드 챔피언십 이후 진행된 우승팀 인터뷰에서 이상혁은 요즘 유튜브나 틱톡을 많이 보는데, 함께 줄여보자고 전하기도 했습니다. 그만큼 쉽지 않은 일이지만, 이상혁은 독서를 통해 쉽지 않은 목표를 이루려고 합니다. 이 글을 읽는 예비 프로게이머, 혹은 그 주위의 다른 분들처럼 말이죠.

독서를 시작할 때 어떤 책으로 시작해야 하는지 결정하기 쉽지 않습니다. 이상혁 역시 2019년 인터뷰 당시 다양한 책을 읽는다고 했죠. "소설도, 비소설도 많이 읽습니다. 철학자들이 책을 통해 다른 철학자의 이야기를 하거나, 이전 세대의 철학자 이야기를 책을 통해 전하는 걸 읽으면 공감되는 부분도 많습니다. 다만, 독서의 도움을 받긴 하지만 제 철학에 있어 뚜렷한 잣대는 없습니다. 대신 노력을 중요하게 생각하는 게 제 기준이죠."

그렇다면 모든 사람이 그의 독서에 관심을 둔 지금, 이상혁은 자신이 읽는 책을 모두가 주목하는 것을 어떻게 생각할까요. 2023 LCK 스프링 시즌이 시작되기 전 한 기자가 이상혁에게 이에 관한 질문을 했고 이상혁은 "독서 목록을 공개하는 것이 처음에는 민망하게 생각됐습니다. 하지만 이제는 괜찮다고 생각하죠. 많은 사람이 나를 따라 책을 읽는다는 것은 좋은 현상이라 생각합니다. 저는 독서를 하지만 다독가는 아닙니다. 그러나 사람들에게 좋은 영향을 주는 것에 관해 굉장히 뿌듯하게 생각하고, 관심을 주시는 것에 감사하게 생각한다"고 전했죠.

각종 작업을 위해 이상혁의 인터뷰를 다시 읽어보면 드는 생각이 있습니다. 이상혁은 자신의 위치에서 항상 자신은 무엇을 해야 최선일지에 관해 잘 알고 있다는 것입니다. 네 번째 월드 챔피언십 우승으로 모든 사람이 자신의 일거수일투족에 관심을 가질 때 자신이 무엇을 해야 하는지, 책에 관한 질문으로 그의 생각을 읽어볼 수 있었습니다.

당시 이상혁은 독서를 통한 내면의 성장을 이루기도 했습니다. 이상혁이 프로게이머가 되기 전, 그러니까 '고전파' 시절 이상혁의 목표는 돈을 많이 버는 것이었습니다. 하지만 이상혁은 힘든 시기를 거치며 물질적인 보상보다는 정신적인 것에 더 큰 가치를 두고 있다고 전했습니다. 첫 월드 챔피언십 이후 이상혁은 돈보다는 명예를 더 생각하게 되었다는 거죠.

"처음에 저는 돈을 많이 버는 것을 목표로 삼았습니다. 초창기 프로게이머로서 목표는 돈이었죠. 하지만 금전적인 여유가 생기니 다른 가치의 우선 순위가 올라갔습니다. 프로게이머로서 명예를 지키는 것, 그리고 스스로의 만족이나 정신적인 행복을 중요하게 생각하고 있습니다."

이러한 이상혁의 이야기는 최근에도 다시 확인할 수 있었습니다. 2024년 LCK 스프링 시즌에서 이상혁은 대회 통산 600세트에서 승리했고, 3000킬을 달성했죠. 이를 지켜보는 모든 사람들은 이상혁의 소감을 듣기 위해 숨죽였습니다. "저는 이런 기록을 제가 프로게이머를 오래 했다는 정도로 생각하고 있습니다."

누구든 의미있는 기록 앞에서 긴장하고, 이를 성취했을 때 기쁨을 표협니다. 하지만 이상혁은 달랐죠. "기록을 세우는 과정에서 계속 성장하고 발전하는 것이 중요합니다."라고 말한 그는 다음 이야기를 묵묵히 이어갔습니다.

"그럼에도 제가 원하는 기록이 하나 있다면, 다시 한 번 월드 챔피언십에서 우승해 팬들을 즐겁게 하는 것입니다. 이 기록은 팬들이 원하는 것이기 때문입니다."

프로게어머로서 이상혁이 존재하기 위해 무엇이 제일 중요한지 아는 사람의 답변다웠습니다. 앞서 이상혁은 2023년 월드 챔피언십 결승을 앞두고 공개된 티저 영상에서 "세 번째 우승은 나 자신을 위한 것이었습니다. 네 번째 우승은 우리 팀을 위한 것입니다."라고 말했고, 우승 후 인터뷰에서도 "팀원들이 고생을 많이 해서 제가 우승한 것보다 팀원들이 우승을 했다는 것이 더 기뻤다."는 소감을 전했죠. 독서를 통해 자신의 목표를 스스로의 만족이나 정신적인 행복을 중요시한다는 예전의 이상혁과 지금도 다를 바 없었습니다.

chapter 10

전설이 다시 전설이 되기까지의 길

전설이 다시 전설이 되기까지의 길

다시 2019년 인터뷰 내용으로 돌아와 보죠. 이상혁은 프로게이머로서 명예를 지키는 것도 자신의 목표라고 전했습니다. 그리고 저 역시 인터뷰의 내용을 잊어 갈 즈음 취재로 참석했던 LCK 아카데미 리그 소양 교육에서 다시 이상혁의 인터뷰를 마주할 수 있었습니다. 단 한 문단이었지만 후배 프로게이머에게 귀감이 되는 내용이었지요.

"게임을 할 때 욕을 하지 않고 착하게 사는 것이 프로게이머의 명예라고 생각합니다. 물론 게임 중 감정이 격해지는 걸 막기 쉽지 않죠. 하지만 이는 스스로 마음먹기에 달린 것 같습니다. 그리고 직업적인 명예 안에는 도덕적이거나 윤리적인 부분이 포함됩니다. 프로게이머가 착하게 산다는 건, 역시 욕을 하지 않는 것입니다. 프로게이머가 착해야 하는 걸 강조하는 이유는, 최소한 저에게는 경기력보다 성격을 바꾸는 게 쉽기 때문입니다."

프로게이머가 되기 전, 혹은 되고 나서 과거 자신의 행적이 발목을 잡는 경우가 많습니다. 솔로 랭크 게임에서 선이 넘는 욕설을 했거나, 커뮤니티에 좋지 않은 글을 남긴 것이 발견되어 곤욕을 치르는 경우도 많습니다. 이상혁은 이러한 부분에서도 스스로 생각하고 결정을 내렸습니다. 단순히 프로게이머가 되는 것이 목표가 아닌, '성공한 프로게이머'가 되고 싶은 사람이라면 누구든 가슴에 새겨야 하는 이야기로 이상혁은 이때의 인터뷰를 마쳤습니다.

2018년 부진을 겪은 이상혁은 2019년 LCK 스프링과 서머, 그리고 2020년 스프링까지 연달아 우승하며 통산 두 번째 LCK 3회 연속 우승을 기록합니다. 2019년 월드 챔피언십에서는 4강까지 올랐죠. 다시 한 번 이상혁의 시대를 기대할 수 있는 시기였지만 2020년 LCK 서머 와일드카드전에서 패한 T1은 선발전에서도 탈락하며 월드 챔피언십 진출에 실패합니다.

당시 이상혁은 그를 향한 악성 댓글에 시달리던 중이었습니다. 오죽하면 팀에서 그를 향한 비난글 작성자와 악성 댓글 작성자에게 조치를 취하겠다고 발표했을 정도였죠. 팀 내적으로도 이상혁은 주전 경쟁을 시작하며 쉽지 않은 시기를 보냈습니다. 당시 팀원이었던 '테디'(박진성)가 인터뷰를 통해 "가장 힘든 건 상혁이 형이죠. 그런데 티를 내지 않아요. 제가 상혁이 형이었다면 힘들었을 거 같아요."라고 말했을 정도였죠.

2020년 시즌이 끝나고 다시 한 번 이상혁과 이야기를 나누게 되었습니다. 시즌 중에는 제대로 이야기를 나누기 쉽지 않았던 이상혁과 다시 이야기를 나눴을 때 이에 관한 답을 들을 수 있었습니다. 외부에서 바라보는 시선과 달리 본인은 크게 신경쓰지 않았다는 이야기입니다.

"비난글이나 악성 댓글 중 정작 저에게 와닿는 내용은 없었습니다. 저는 외부의 비난이나 비판에 크게 신경쓰지 않거든요. 작년과 올해 모두 크게 다른 점을 느끼지 않았어요. 오히려 저보다 게임단과 코칭스태프, 그리고 팬들이 이 문제로 제게 신경을 쓰는 게 느껴졌어요. 저는 외부의 반응에 민감하지 않습니다. 그래서 악플에 전혀 개의치 않았죠."

이상혁은 예전부터 커뮤니티를 잘 안 봤다고 합니다. 그해 선발전이 끝나고서야 어떤 반응이 있었는 지 알게 됐다는 거죠. 이상혁은 "외부의 여론이 팀과 저의 방향성을 해칠 수 있다는 생각을 했다."며 담담히 이야기했습니다. 팀에서 찾은 문제의 해결책은 외부에서 바라보는 해결책과 언제나 달랐기에, 자신의 길을 가야 한다고 말했습니다.

프로게이머가 되면 자신이 잘한 플레이를 인정받고 확인하고 싶어합니다. 그러다 보면 결국 인터넷 커뮤니티 반응에 민감해지고, 여기에 휘둘리게 되죠. 게다가 항상 프로게이머가 경기 내에서 좋은 모습만을 보일 수는 없습니다. 자신이 못한 날에 인터넷 커뮤니티의 부정적인 반응을 보고 충격을 받기도 하죠. 이러한 과정을 반복하다 보면 외부의 스트레스에 민감해지며 자신의 플레이를 보일 수 없게 됩니다.

게임에 있어서는 누가 뭐래도 프로게이머인 본인과 전문 인력인 감독과 코치가 있는 게임단 내부 인원들이 최고의 전문가입니다. 누구보다 주목받는 프로게이머인 이상혁은 이러한 점을 알고 외부의 평가보다 내부의 판단을 더 중요하게 생각했고, 위기를 헤쳐나갈 수 있는 지혜로 삼았던 거죠.

이 시기에는 LCK가 프랜차이즈를 도입하는 시기로 여러가지 이야기가 많았습니다. 그만큼 시상이 커진 것이고, 이러한 과정에 이상혁 역시 큰 역할을 차지했습니다. 정작 자신은 이를 인정하지 않았지만요. 이상혁은 이에 관해서 "LCK 발전에 있어 제가 기여했다기보다, LCK가 발전해서 제가 큰 관심을 받았습니다. 제가 있어 LCK가 성장한 것이 아닌, LCK가 성장하면서 저도 함께 성장한 거죠. e스포츠는 언제나 성장할 것으로 생각하고, 이 과정에서 절대 제 역할이 있었다고 생각하지 않습니다."

본인은 극구 부정했지만, 이 시기 이상혁은 e스포츠를 이끌어 나가는 사람 중 한 명이 되어 있었습니다. 과거에 임요환이 있었다면, 이제는 이상혁이 있는 셈이죠. 임요환은 저와 나눈 다른 인터뷰에서 "프로게이머 후배들이 내가 받는 이상의 대우를 받는 게 내 꿈이고, 이상혁이 나의 꿈을 이뤄 정말 기쁘다"고 한 적이 있어요.

하지만 이미 말한대로 이상혁은 자신의 자리에서 무엇을 해야 하는지 잘 알고 있었습니다. "다른 사람에게 존경을 받는 만큼 제가 더 잘해야 합니다. 그래서 저는 언제나 제가 가고 싶은 길을 가고, 제가 하고 싶은 일을 하려 합니다."라며 다시 한

번 마음을 다잡았습니다. 그리고 그 상황에서 페이커는 선수로서 최선을 다해야 한다고 말했습니다. 선수로서 이상혁은 아직 할 일이 많다고 전했고, 내년인 2021년에 다시 잘할 거라는 자신감이 있다고 전했습니다.

2020년과 2021년은 유독 이상혁의 실력에 관한 이야기가 많았습니다. 이상혁의 실력에 관한 그릇된 관심이 비난과 악플로 이어지기도 했죠. 하지만 이상혁은 흔들리지 않았습니다. 지금 자신은 프로게이머고, 선수로서 본연의 목표에 집중하겠다는 이야기였죠. 본인의 궁극적인 행복이나 미래로 향하는 길은 지금 프로게이머로 열심히 활동하고, 월드 챔피언십에서 우승하는 것이라고 전한 이상혁은 그 이후의 일은 그때 가서 자신이 맞다고 생각하는 방향으로 나가면 된다고 생각한다고 말했습니다. 당시 이상혁은 제게 "제가 좋은 대답을 했을까요?"라고 물어봤습니다. 그가 네 번째 월드 챔피언십을 우승한 지금, 이상혁에게 "좋은 대답을 하셨어요."라고 전하고 싶습니다.

지금까지의 글을 읽다 보면 이상혁은 자신이 올바른 생각을 하기 위해 굉장히 노력하고 있다는 점이 엿보입니다. 그만큼 이상혁은 자신의 생각에 관한 확신이 강한 편입니다. 프로게이머로 성공하기 위해 어쩌면 당연한 모습입니다. 자신의 실력과 생각에 관한 확신이 없다면, 중간에 이리저리 끌려다니다가 이도저도 되지 않는 경우가 많기 때문입니다. 과거 팀 동료와 게임에 관한 논쟁을 시작해 새벽까지 서로의 의견을 굽히지 않았다는 이야기도 들리죠.

이런 이상혁도 2021년을 기점으로 조금씩 변하는 모습을 보입니다. 2020년에 이어 2021년에도 T1은 변화하려는 모습을 보이며 이상혁이라고 해도 고정 출전이 아니라는 모습을 보였죠. 당시 T1은 스프링은 주전을 위한 다양한 조합을 시도하고, 이를 바탕으로 서머에 탄력을 붙이겠다는 계획을 이야기했지만, 여전히 서머에도 T1은 고정된 주전을 결정하지 못했습니다.

그 과정에서 이상혁은 당시 T1 양대인 감독과의 의견 차이가 있었다고 전했습니다. 팀의 새로운 방향을 찾는 과정에서 서로의 방향이 달랐다고 전한 이상혁은 당시 경기에서 팀원들의 이야기에 맞춰주지 않는다는 피드백에 이에 맞춰 플레이를 하겠다는, 예전과 다른 모습을 보였죠. 지금까지 팀과 자신의 생각이 달랐지만, 앞으로는 팀원이 바라는 방향성을 맞춰가겠다는 이야기를 전하기도 했습니다. 특히 이상혁 자신도 당시 팀이 좋지 않은 상황에서 팀의 호흡을 맞추는 동시에 팀원과 잘 맞추고 믿어주는 것이 좋은 방법이라고 생각한다고 말했습니다.

이러한 복잡한 분위기는 결국 T1이 코칭스태프를 중도 하차시키면서 정리되는 분위기였고, 2021 월드 챔피언십에서 T1은 4강까지 오릅니다. 한 해 내내 안팎으로 정리되지 않았던 분위기를 감안하자면 의미있는 성적을 낸 것이죠. 특히 이상혁 외에는 모두 신인급 선수로 구성된 팀이었고, 빠르게 이 분위기를 추슬러 월드 챔피언십 4강까지 오르며 2022년을 맞이하게 됩니다.

2020년과 2021년 이상혁은 쉽지 않은 시기를 넘겼지만, 반대로 이상혁이 또다시 성장할 수 있는 계기가 되었습니다. 과거 비슷한 나이의 동료들과 경기에 나섰다면, 이제는 후배에게 팀의 정신적 지주이자 중심이 되어야 했죠.

이 시기를 거쳐 2022년의 이상혁은 다른 모습을 보이기 시작합니다. "네 번째 우승은 팀을 위한 것"이라는 이야기는 이때부터 이상혁의 마음에 자리 잡은 것으로 보이고요.

2013년 이상혁이 처음 프로게이머를 시작한 이후 2019년 까지는 그래도 팀에 비슷한 나이대의 선수들이 있었습니다. 조금씩의 차이가 있었지만 첫 데뷔 시기에는 '임팩트'(정언영), '벵기'(배성웅), '피글렛'(채광진), '푸만두'(이정현)과 함께 했죠. 2015년 단일팀 체제가 도입된 이후 '뱅'(배준식), '울프'(이재완)을 중심으로 다른 선수들과 함께했던 이상혁이지만, 2020년을 기점으로 한 세대 어린 후배들과 함께 '제우스'(최우제), '오너'(문현준), '구마유시'(이민형), '케리아'(류민석)이 바로 그들입니다. '제우스'(최우제), '오너'(문현준), '구마유시'(이민형)은 모두 T1 소속의 유스팀에서 성장한 선수들이고, '케리아'(류민석)은 2020 시즌 후 DRX에서 이적했지만, 역시 이상혁과 나이 차이가 많은 선수입니다.

그리고 2020년 스프링 우승을 마지막으로 LCK 우승을 차지하지 못했던 T1은 2022년 LCK 스프링에서 다시 우승을 차지합니다. 그것도 2015년 단일팀 체제 당시 도입한 더블 라운드 로빈 방식에서 진행된 18경기 모두를 승리하고, 플레이오프에서는 3대0 승리를 거둔 후 결승에서 상대인 젠지를 3대 1로 잡고 우승한 거죠. 방식은 다르지만 2013 윈터 시즌에서의 전승 우승의 영광을 다시 재현시키는 순간이었습니다. 더구나 T1은 리그 오브 레전드 종목 창단 이후 열 번째 우승이라는 기록도 함께 세웠습니다.

이번 인터뷰에서도 이상혁은 노력의 중요함을 강조합니다. 우승 후 진행된 인터뷰에서 이상혁은 "우승을 한다는 것 자체가 노력의 결실을 보여주는 것입니다. 제게 있어 가장 큰 동기부여는 열심히 노력해 팬들에게 좋은 경기력을 보여주는 것" 이라고 말하죠. 언제나 노력과 팬을 우선시

하는 이상혁의 모습은 이전 인터뷰와 함께 600승-3000킬 달성 인터뷰와 같습니다. 독서로 다져진 이상혁의 꾸준한 모습을 여기서도 찾아볼 수 있네요.

하지만 이 우승은 이상혁에게 또 다른 시련의 시작이 됐습니다. 이 대회 이후 열린 모든 대회에서 T1은 연달아 준우승을 차지합니다. 이상혁이 최초로 한국에서 열린 국제대회에 출전한 MSI에 이어 강릉에서 열린 2022 LCK 서머에서는 스프링 결승 상대였던 젠지에게 패합니다. 그리고 미국에서 열린 월드 챔피언십에서는 DRX에게 결승에서 무너지고 말죠.

특히 2022 월드 챔피언십에서는 풀세트 접전 끝에 2대3으로 패합니다. 그리고 패배가 확정된 순간 '케리아'(류민석)은 눈물을 보입니다. 6년 전의 이상혁처럼 말이죠. 이제 그는 자신의 아쉬움을 눈물로 보이는 선수가 아니라 낙담한 팀원들을 챙겨야 하는 맏형이 되었습니다. 2017년의 모습과 대비되는 이상혁의 모습은 그 순간을 현장에서 본 제 머릿속에도 여전히 남아 있습니다.

2023년 월드 챔피언십 결승을 앞두고 공개된 티저에서 "결승전 경기가 끝난 순간부터 온 몸이 통제가 안 되더라고요. 이런 좋은 기회도 놓친 내가 다음에 다시 기회를 잡고 우승할 수 있을까 하는 생각이 많이 들어서 분하고 힘들었습니다."라고 눈물을 흘리던 상황을 말한 '케리아'(류민석). 그리고 그 영상에는 경기가 끝나자마자 팀원들을 살피는 이상혁의 모습도 함께 잡혔습니다. 자신의 감정을 추스르지 못했던 6년 전의 상황과 비교되는, 이제는 팀을 이끌어 나가야 하는 이상혁의 모습이었죠.

2022년 월드 챔피언십 결승에서는 패배팀도 인터뷰를 진행했습니다. 이 자리에 참석한 이상혁은 결과에 낙담하는 모습이 아닌, 여전히 다음에 더 좋은 모습을 보이겠다는 각오를 전했죠. 언제나 볼 수 있던 이상혁의 모습이었습니다. 이상혁은 이날 경기 후 인터뷰에서 "오늘 경기에서 우리가 부족했던 것이 무엇인지 생각하고 있습니다. 그래서 이번 패배를 계기로 더 발전할 수 있는 계기가 될 것으로 봅니다."라는 말을 전했습니다.

이상혁에게 이날 결승전은 2017년 이후 5년 만에 다시 밟은 결승전 무대입니다. 그리고 이상혁의 눈물은 여전히 많은 사람의 기억 속에 남아있었고, 현장의 기자들도 왜 오늘은 눈물을 흘리지 않았느냐 묻습니다. 그리고 여기서 이상혁은 5년 전 눈물의 이유를 밝힙니다. 5년 전 눈물에서 멈추지 않고, 다시 최고의 자리에 오르겠다는 목표를 세우고 다시 달려왔기에 가능한 일이었죠. 만약 거기서 포기했으면, 그날 흘린 눈물의 이유를 그에 어울리는 자리에서 말할 기회조차 얻지 못했을 겁니다.

"2017년 월드 챔피언십 결승에서 지고난 후 0대3이라는 결과에 관한 아쉬움이 컸어요. 제가 부족한 부분이 많았다는 것이 정말 아쉬워서 눈물이 났던 거죠. 하지만, 이번에는 우리 팀 모두가 정말 열심히 했습니다. 그 중에 '제우스'(최우제)가 열심히 했죠. 그래서 슬퍼할 이유가 없다고 생각합니다. 이번 대회는 준우승으로 끝냈지만, 더 발전할 수 있다는 믿음이 있기에 눈물이 나오지 않았습니다."라며 그 이유를 전한 이상혁은 같이 했던 동료들에게도 고생했다는 이야기와 다시 한번 도전해 보자는 이야기를 전합니다.

이상혁은 동료들에게 해주고 싶은 말이 있는가에 관한 질문에 "올 한해 동료들이 최선을 다했습니다. 그리고 결승전에서도 저력을 보였죠. 동료들에게 고생했다는 말을 전해주며, 결승전 패배를 통해 얻을 수 있는 경험도 많았습니다."고 말한 거죠. 이어 이상혁은 여기서 멈추지 않겠다는 각오도 함께 전합니다.

"오늘 경기에서 생각만큼의 경기력이 나오지 않았습니다. 다음에 기회가 온다면 훨씬 좋은 모습을 보일 수 있다고 굳게 믿고 있습니다. 프로게이머의 가장 큰 목표는 월드 챔피언십 우승입니다. 올해는 우승을 향한 과정에서 부족한 부분이 있었습니다. 다음에는 보완해서 돌아오겠습니다."

chapter 11

"모든 길은 결국 저를 통합니다" – 페이커

"모든 길은 결국 저를 통합니다" - 페이커

2023년은 이상혁에게 프로게이머 데뷔 10주년이 되는 해입니다. 프로게이머의 수명은 짧다는 사람들에게 이상혁과 그의 고등학교 동창이자 같은 프로게이머인 '데프트'(김혁규)의 존재는 노력과 열정에 나이는 아무런 문제가 되지 않는다는 것을 보였죠.

LCK 시즌 돌입 전 진행된 킥오프 이벤트에 함께 출전한 '데프트'(김혁규)에게 "꾸준하고 끈질긴 선수입니다. 같이 프로게이머로 오래 활동하고 있으니, 앞으로도 서로 좋은 모습으로 경기했으면 좋겠다"고 말했죠. 이 이야기는 이상혁이 '데프트'(김혁규)에게 전하는 이야기이면서, 동시에 프로게이머 10년차를 맞는 자신에게 전하는 이야기이기도 합니다. 이상혁 역시 끈질김과 꾸준함으로는 누구에게 뒤지지 않는다는 걸 지금까지 보아온 사람들은 모두 알고 있으니까요.

이렇게 웃으며 시즌을 시작했지만, 2023년은 여전히 이상혁에게 쉽지 않은 한 해였습니다. 자신의 라이벌로 떠오른 '쵸비'(정지훈)의 젠지에 LCK 스프링 결승전에서 패한 것이죠. 이어 영국 런던에서 열린 2023 MSI에서는 새롭게 '한국 킬러'로 떠오른 중국 빌리빌리 게이밍을 상대로 패자 결승에서 지면서 결승 무대를 밟지 못합니다.

MSI의 패배는 팀으로서도 큰 충격이었습니다. 멘탈이 강하기로 유명한 '구마유시'(이민형)조차 경기 후 나눈 인터뷰에서 "경기 전 알 수 없는 심리적 압박감이 들었죠. 그래서 첫 세트 집중하지 못했고, 이후에는 정신을 차렸지만 게임이 잘 안됐습니다."고 말합니다. 그만큼 연이은 준우승이 선수들에게 심리적으로 크게 작용했다고 생각합니다.

이어 '구마유시'(이민형)는 "LCK 스프링에서 꼭 우승해야 했습니다. 하지만 그러지 못했기에 이번 MSI에서 우승이 더욱 필요했죠. 하지만 이번 결과를 보고 대체 뭐가 부족한 걸까요."하며 평소답지 않게 낙담하는 모습을 보였습니다. "지금까지 잘해 왔는데 중요한 순간 경기를 제대로 못한 것이 더 마음이 아픕니다."라는 말과 함께 말이죠.

그리고 그해 여름, 연이은 준우승으로 팀원들이 지쳐갈 때 즈음 이상혁은 프로게이머 인생의 큰 위기를 맞습니다. 그리고 7월 2일 LCK 경기가 끝난 후 승리 팀 인터뷰에 참석한 이상혁은 최근 경기력이 내려간 거 같다는 질문에 다음과 같이 답합니다. "최근 개인적인 문제가 있어 경기력이 잘 안 나오고 있다."고 말한 거죠.

개인적인 문제이기에 더이상 묻기도 애매한 상황이었지만, 이상혁이 경기력에 개인적인 문제가 개입될 리 없다고 생각해 이에 관한 질문이 이어졌습니다. 실례지만, 개인적인 문제가 무엇인지 말해줄 수 있는지 말이죠.

"지금 팔 상태가 좋지 않습니다. 지난 경기부터 이상함을 느꼈고, 그 영향이 컸습니다. 지금은 치료 이전 진단 과정이고, 치료를 열심히 하려고 한다."는 이상혁의 대답이었습니다. 마치 다른 사람의 이야기처럼 담담하게 말하는 것이 믿기지 않을 정도였죠. 프로게이머에게 어깨와 팔, 그리고 손목은 정말 중요합니다. 어쩌면 이상혁에게 팔 부상은 그의 시대가 끝날 수도 있다는 이야기였습니다.

하지만 결과적으로 이상혁이 팔 부상으로 빠진 한 달의 시간은 모두에게 득이 되었습니다. 이상혁에 의존해 플레이를 하던 팀원들은 자신의 문제를 발견해 고칠 수 있었고, 이상혁이라는 큰 형에 기대던 팀원들은 빈 자리를 채우기 위해 콜업된 '포비'(윤성원)를 케어하면서 지금까지 겪어보지 못한 경험을 합니다. 이상혁 역시 팔 부상 회복은 물론 차후 재발을 막기 위한 자세 교정에 들어가 결국 신체에 부담 없는 자세를 찾아 여전히 선수 생활을 이어가고 있습니다.

이상혁이 빠진 동안 T1은 1승 7패를 기록했습니다. 이상혁이 자리를 비운 동안 T1은 플레이오프 진출권에 간신히 턱걸이를 했지만, 이 과정에서 T1 선수들은 자신들의 문제점을 알게 되고 고쳐 나갈 수 있게 됐다는 이야기를 했죠. 이상혁 역시 재활 중에도 틈틈이 팀원들과 이야기를 나누며 자신의 빈 자리를 최대한 채우려는 모습을 보였습니다. 그리고 약속대로 한 달 후에 돌아온 이상혁은 복귀전에서 승리를 거둡니다.

자리를 비운 한 달 동안 이상혁이 CL에서 콜업된 '포비'(윤성원)에게도 배울 점이 있다고 했다는 부분이 기억에 남습니다. 이상혁은 복귀 후 인터뷰에서 "쉬면서 팀원들의 경기를 봤고, 다른 팀원들이 어떤 플레이를 필요로 하는지 알게 됐죠. '포비'(윤성원)는 노력을 많이 하고 팀플레이를 하는 선수인데, 이 모습을 보고 제가 느낀 부분도 많았죠. 이외에도 좋은 점이 많은 선수입니다."는 이야기였습니다. 당대 최고의 선수가 갓 콜업된 선수에게도 배울 점을 찾았다는 게 놀라웠죠.

다시 LCK에 복귀한 이상혁을 상대로 이번에는 게임 외적으로 그를 흔들려는 일이 있었습니다. 한 커뮤니티에 이상혁을 상대로 한 협박 글이 올라온 거죠. 덕분에 대전에서 열린 LCK 서머 결승은 현장 보안이 강화되는 등 비상이 걸렸습니다. 하지만 페이커는 여기에 흔들리지 않았습니다. 결승 최종 진출전을 마친 이상혁은 "그런 일에 신경을 쓰는 것은 손해라고 생각했기에 아예 관심을 두지 않았습니다." 라는 말로 팬들을 안심시켰죠.

하지만 이번 결승에서도 이상혁은 다시 준우승을 기록합니다. 준우승과 지긋지긋한 인연이었죠. 목표가 아예 손에 안 잡히는 먼 곳에 있는 것도 힘들지만, 단기간동안 여러 번 목표 달성 한 걸음 전에 실패한다면 흔히 말하는 '멘붕'에 빠질 수 있으니까요. 하지만, 이번의 준우승의 의미는 조금 달랐습니다.

이상혁의 결장으로 5위까지 떨어졌던 T1은 누가 봐도 결승 주간이 열리는 대전에나 갈 수 있으면 다행인 상황이었습니다. 하지만 이러한 위기를 극복하고 결승까지 갔다는 점에서 다음에 열릴 월드 챔피언십에서는 다른 모습을 보일 수 있다는 기대감을 모았죠.

지독히도 끝나지 않을 거 같던 이상혁의 준우승 릴레이는 예상치 못한 곳에서 끊기게 됩니다. 바로 1년 연기된 항저우 아시안 게임이었죠. 지난 2018년 자카르타-팔렘방 아시안게임에 출전해 중국 팀에게 결승에서 패하며 은메달을 획득했던 이상혁은 유일하게 2회 연속 국가대표로 선발되어 다시 한 번 아시안게임에 나서게 됐습니다.

'제우스'(최우제), '카나비'(서진혁), '쵸비'(정지훈), '룰러'(박재혁), '케리아'(류민석)과 함께 대회에 출전하게 된 이상혁은 출정식부터 큰 관심을 받았습니다. 특히 같은 포지션으로 대표에 선발된 '쵸비'(정지훈)과 어떻게 대회에 출전할지에 관해 큰 관심을 받기도 했죠.

리그 오브 레전드 부분 주장이 된 이상혁은 국가대표팀 출정식에서 "대한민국 국가대표팀의 우승을 목표로 하는 만큼, 다른 선수보다 더 노력해서 모범이 되겠다는 생각을 가지고 있습니다. 그리고 이러한 마음가짐이 스스로에게도 큰 도움이 됩니다."라며 이상혁다운 모습을 보였고요.

또한 미드라이너가 두 명인 부분에 관해 어떻게 생각하냐는 질문에는 "같은 포지

션 선수가 한 명 더 있다는 것을 긍정적으로 생각합니다. '쵸비'(정지훈)가 LCK 서머 스플릿에서 좋은 모습을 보였던 만큼 믿을 만한 동료라고 생각하고, 배울 것도 많다고 생각합니다. 그렇기에 저는 제가 할 일에만 집중할 수 있습니다."라고 말했습니다.

LCK에서는 서로 칼을 겨누는 사이지만, 대한민국 국가대표가 된 이상 같은 목표를 보고 달려야 하는 동료라는 이야기입니다. '쵸비'(정지훈) 역시 "주전 경쟁보다 서로 협력해서 좋은 결과를 낼 수 있을 것으로 생각합니다"라며 금메달에 관한 각오를 전했죠. 최근 들어 세 번이나 연속으로 LCK 결승에서 만나 치열하게 대결한 두 명이라고는 생각하기 힘든 모습이었습니다.

이상혁은 항저우에서 열린 아시안게임에서 한 경기에만 출전했지만, 다른 의미에서 그의 역할을 제대로 수행했습니다. 바로 e스포츠와 대한민국 국가대표팀을 대표하는 인기 스타로서 긍정적인 모습을 보이는 것이었습니다. 그만큼 이상혁과 리그 오브 레전드 대표팀 선수들은 어디를 가든 주목을 받았습니다. 그만큼 사람들에게 친숙하고 좋은 모습을 보여야 할 필요도 있었던 거죠.

대회 후 인터뷰에서 나온 이야기로는, 리그 오브 레전드 국가대표팀은 선수촌에서 식당으로 갈 때 서로 만날 시간을 정하고 따로 출발했다고 합니다. 게임과 e스포츠를 좋아하는 타 종목 선수들이 사인과 사진을 요청하는 바람에 같이 다니다간 제시간에 식당에 도착할 수 없다는 이유였죠. 국가대표 선수들에 따르면 항상 가장 마지막에 이상혁이 약속 장소에 도착했다고 합니다. 그만큼 선수들에게 인기가 있었고, 하나하나 사인과 사진 요청을 받다 보니 생긴 일이라고 하죠.

특히 이상혁은 대회 기간 감기에 걸려 4강 컨디션이 좋지 않은 모습으로 경기장에 도착했지만, 승리 후 사인을 요청하는 취재진들의 요청을 모두 받을 정도로 경기장 밖에서도 최선을 다하는 모습을 보였습니다. 중국과의 4강전이 끝난 후 패배 팀인 중국 팀 인터뷰를 마친 중국 취재진이 이상혁을 발견하고는 모두 달려들어 사인을 부탁하는 바람에 한 때 안전사고가 발생할 뻔 하기도 했죠.

이렇게 많은 사인 요청이 쇄도에도 이상혁은 컨디션이 좋지 않았지만 일정이 허락하는 한도에서 최대한 사인 요청을 받아줬습니다. 처음 정식종목으로 채택된 e스포츠를 대표하는 선수로서 필요했던 모습을 이상혁은 이런 부분에서 보인 거죠.

그만큼 젊은 층에게는 인기있는 e스포츠 국가대표 선수들이었지만, 여전히 게임에 부정적인 인식을 가지고 있는 사람들도 여전히 많습니다. 어른들도 e스포츠에 관심을 가지고, 이들이 금메달을 획득했다는 사실에 기뻐하는 사람 수만큼 여전히 편견을 가지고 있는 사람도 있었죠. 특히 이들이 게임으로 병역을 면제받은 것을 못마땅히 여기는 사람이 많았습니다.

리그 오브 레전드 부분에서 금메달을 딴 다음 날 오전, 국가대표 선수단은 이에 관한 인터뷰를 진행했습니다. 추석 연휴에 맞춰 진행된 이번 리그 오브 레전드 경기로 e스포츠는 그 어느 때보다 많은 관심을 받고 있었죠. 선수들의 한 마디 한 마디가 중요한 순간이었습니다. 이 자리에서 이상혁은 'e스포츠를 스포츠로 볼 수 있는가'에 관한 질문에 아래와 같이 답했습니다.

"스포츠라고 하면, 보통 몸을 움직이는 활동을 말하는 게 기존의 관념입니다. 하지만, 그것보다 더 중요한 것이 있습니다. 이러한 경기를 하고, 경기에 앞서 준비를 하는 과정이 이를 지켜보는 분들에게 좋은 영향을 주고, 서로 최선을 다해 경기를 준비한 선수들이 대결하는 것을 보는 사람들의 투지를 일으키고 영감을 준다는 것이 스포츠에서 중요한 것입니다. 그리고 이러한 인식이 변화하는 과정에 이번 아시안게임 금메달 획득이 큰 도움이 됐다고 생각합니다."

세상의 모든 사람들이 이상혁의 모든 이야기에 집중하고 있는 상황에서 이상혁은 항상 자신이 했던 대로 지금의 상황에서 최고의 답변을 내놓았습니다. 이상혁 역시 언젠가 본인이 이러한 이야기를 해야 한다는 것을 알고 있었을 겁니다. 그리고 이상혁의 이러한 답변으로 e스포츠는 스포츠로 인정받을 수 있게 됐죠.

만약 여기서 제대로 답변을 못했거나, 모두를 이해시킬 답을 하지 못했다면 이상혁 본인에게도 아쉬운 순간이 되었을 것이라 생각합니다. 하지만 이 답변으로 이상혁은 이제 대한민국 국민이라면 모두가 아는 스타로 발돋움 할 수 있었습니다. 저는 이상혁이 단지 게임을 잘하는 프로게이머가 아닌, 이를 지켜보는 모두에게 영감을 줄 수 있는 프로게이머가 되기 위해 준비했던 시간이 빛을 본 순간이라고 생각합니다.

아시안게임 금메달로 준우승의 고리를 끊어낸 이상혁은 곧이어 한국에서 열리는 2023 월드 챔피언십에 참가하기 위해 팀에 복귀합니다. 같이 대회에 참가해 금메달을 획득한 '제우스'(최우제), '케리아'(류민석)를 제외한 '오너'(문현준), '구마유시'(이민형)와 다시 합류했죠. 그리고 이들은 아시안게임에서 얻은 노하우를 공유해 더 강한 전력의 팀을 만듭니다. 다시는 지난해의 아쉬움을 반복하지 않겠다는 각오였습니다.

당시 팀 감독 대행이던 임재현 코치는 대회에 앞선 인터뷰에서 이런 이야기를 전합니다. "국가대표로 아시안게임에 참가했던 선수들이 많은 것을 배워왔습니다. 이를 팀원들과 나누면서 전체적인 경기력이 올라갔죠. 팀에 복귀한 선수들이 남아 있던 두 선수들과 많은 이야기를 나눴는데, 이러한 이야기는 말하는 사람도 받아들이는 사람도 모두 조심스럽고 부담스러울 수 있습니다. 하지만 다들 월드 챔피언십 우승이라는 목표를 향해 마음을 열었죠."

프로게이머는 누구보다 자신의 플레이에 자부심과 자존심을 걸고 나서는 직업입니다. 그렇기에 아무리 좋은 방법이라도 전하는 방법이 잘못된다면 오히려 역효과를 낼 수 있죠. 하지만 이상혁은 주장으로서 팀의 우승을 위해 팀을 하나로 뭉치게 한 것을 엿볼 수 있습니다. 16강 그룹 스테이지 이후 만난 이상혁에게도 이에 관해 물어봤습니다.

이상혁 역시 아시안게임 출전이 결국 월드 챔피언십을 앞둔 팀의 전력 강화에 도움이 됐다고 전했습니다. "아시안게임이라는 새로운 환경과 새로운 팀에서 경험할 수 있는 귀중한 시간에서 얻은 경험이 있습니다. 이런 경험 모두를 T1 전체라 공유하고, 앞으로 발전하는 데 시간을 쓴다면 모두가 지금 이상으로 발전할 수 있을 거라고 생각했죠. 물론 서로 떨어져 있던 시간이 있었지만, 이제는 예전보다 훨씬 손발이 잘 맞고 있습니다. 팀원 간에 소통도 더욱 활발하죠."

아시안게임에 출전하지 못했던 두 명 중 한 명인 '오너'(문현준) 역시 이러한 도움을 받아 경기력을 더욱 높일 수 있다고 전했습니다. LNG와 8강 경기가 끝난 후 '오너'(문현준)는 이에 관한 질문을 받고 자존심보다는 더 중요한 월드 챔피언십 우승을 위해 동료들의 경험을 배우기로 했고, 좋은 결과로 이어졌다는 답변을 했습니다.

"아시안게임을 다녀온 선수들이 자신의 경험을 바탕으로 이야기를 했을 때 제가 못나 보이기도 했고, 그 선수들만큼 할 수 있을까 하는 심리적 압박을 느꼈습니다. 대표적으로 제가 경기 중 의사소통이 적다는 이야기가 있었는데, 이런 장점을 배워올 수 있다면 저에게도 팀에게도 모두 이득이라 생각했습니다. 자존심을 내려두고 더 많이 배울 수 있는 기회라고 생각했어요."

실제로 '오너'(문현준)의 플레이는 이전에 비해 한층 좋아졌다는 평이 많았습니다. 이러한 실력 상승의 힘으로 T1과 이상혁은 네 번째 월드 챔피언십 우승의 발판을 마련할 수 있었죠.

2023 월드 챔피언십의 슬로건은 'THE GRIND, THE GLORY' 입니다. 이 슬로건은 마치 이상혁을 위해 준비된 것 같았습니다. 2017년 결승전 패배로 눈물을 흘린 이상혁이 한국에서 열리는 월드 챔피언십에는 출전하지 못한다는 징크스를 드디어 깨고 다시 대회 우승에 도전하는 이야기와 잘 맞아 떨어집니다.

대회 16강 티저 영상에서도 이러한 내용이 나옵니다. 아시안게임 국가대표 동료였던 '카나비'(서진혁), '룰러'(박재혁)의 소속팀인 중국 JDG는 역대 아무도 기록하지 못한 골든 로드를 앞두고 있었습니다. 지역 리그 스프링과 서머, 그리고 MSI와 함께 월드 챔피언십 우승까지 거머쥐는 이 기록은 10년이 넘는 리그 오브 레전드 e스포츠 역사상 한 팀도 이루지 못한 기록입니다.

2017년 눈물을 흘리던 영상에 이어져 등장하는 2023년의 이상혁은 "골든 로드, 우리가 막겠습니다."라는 대사로 월드 챔피언십 티저 영상이 마무리됩니다. 그만큼 이상혁에게 많은 관심이 쏠렸죠. 이상혁은 대회 중 무대 인터뷰에서 "이전의 우승은 제 과거의 영광이고, 제 미래와는 무관한 일입니다."고 이야기를 했습니다.

2013년에서 시작해 2017년 월드 챔피언십 결승 직전 까지가 이상혁에게 과거의 영광이었다면, 그 이후부터 2022년 결승까지는 그에게 'THE GRIND'의 시간이었습니다. 그렇다면 이상혁의 'THE GLORY'는 무엇일지 궁금했습니다. 이상혁은 미래의 영광에 관해 이렇게 답했습니다. "짧게는 이번 대회의 우승입니다. 장기적으로는 건강 관리를 하면서, 동시에 많은 것을 성취하고 싶습니다."

그리고 2022년에 이어 다시 이상혁은 2년 연속 월드 챔피언십 결승에 오릅니다. 그것도 골든 로드를 노리는 JDG를 실제로 직접 막아내고 온 결승이죠. 당시 경기가 끝난 후 공식 사진사가 이상혁에게 엄지 손가락을 아래로 향하는 포즈를 요구했는데, 이상혁이 이를 거절하는 모습이 카메라에 잡힙니다.

이 또한 많은 화제가 되었고 이상혁은 좋은 경험을 했는데 군이 부정적인 제스처를 남길 필요는 없다는 이유를 전합니다. "경기가 끝난 후 상대를 뛰어넘었다는 기쁨보다 좋은 경기를 했다는 점에서 만족했습니다. JDG와 4강전 경기가 나에게 좋은 경험이라고 생각했고, 그런 좋은 경험을 얻은 날에 부정적 이미지를 주는 모습을 남기고 싶지 않았습니다."라는 이유죠.

그리고 그 유명한 "세 번의 우승은 저를 위한 것이었고, 네 번째 우승은 팀을 위한 것입니다."라는 출사표를 던진 이상혁은 과거 자신과 같은 팀이었던 양대인 감독의 WBG를 상대로 3대 0 승리를 거두고 7년 만에 다시 왕좌로 복귀합니다.

대회 시작 전에 이상혁이 다시 월드 챔피언십에서 우승할 거라고 말하면 많은 사람이 믿지 않았을 겁니다. 하지만 남들이 믿지 않았던, e스포츠가 스포츠로 인정받는 세상을 만든 이상혁은 다시 한번 놀라게 한 거죠. 이상혁은 그가 평소에 이야기했던 대로 우승이라는 결과보다 그 과정에서 얻을 수 있는 것이 많았다는 것을 강조했습니다.

2023년, 이상혁은 인터뷰에서 감사하다는 이야기를 많이 언급했습니다. 결승전에서도 이에 관한 질문이 이어졌습니다. 이상혁은 "프로로서 항상 발전하려는 자세가 가장 중요하죠. 그러기 위해서 항상 겸손한 자세가 필요합니다."라고 답하죠. 자신이 서 있는 위치에서 만족하지 않고 계속 발전하기 위해서는 자신에게 주어진 것을 당연하게 생각하지 않고, 항상 겸손한 자세로 있어야 하기에 이상혁은 시간이 지날수록 감사하다는 이야기를 계속 이어가는 것입니다.

여기까지 함께 이상혁을 알아봤다면, 이제 2023년 월드 챔피언십 이후 진행된 인터뷰에서 왜 이상혁이 그렇게 말했는지 모두 알 수 있습니다. 결과보다는 과정을 중요시하고, 그 과정에서 얻는 것이 있다면 만족할 수 있는 모습이 대표적인 모습이죠. 이미 어느 정도 이룬 선수였기에 이런 여유 아닌 여유를 가질 수 있다고 볼 수 있지만, 반대로 그의 이러한 모습 때문에 네 번째 월드 챔피언십 우승을 차지할 수 있었습니다.

이상혁은 생애 네 번째 월드 챔피언십 우승에서 멈추지 않았습니다. 2024년 다시 한번 월드 챔피언십 우승에 나선 이상혁. 모든 길은 결국 자신에게 통한다고 말한 이상혁은 그 길을 자신이 이끌어 나가고 있습니다. 그렇기에 그에게 특정 숫자로 남는 기록들은 그저 중간 과정일 뿐이죠.

이런 이상혁에게 중요한 기록은 단 하나, 바로 다섯 번째 월드 챔피언십 우승입니다. 앞선 세 번의 우승은 자신을 위해, 네 번째 우승은 팀을 위했다면 다가올 다섯 번째 우승은 10년이 넘는 시간을 바라보고 응원한 팬들을 위한 것이라는 이야기를 남기면서요.

그리고 2024년 서머 스플릿을 앞둔 5월, 라이엇 게임즈는 이상혁을 전설의 전당에 1호로 헌액합니다. 전설의 전당은 라이엇 게임즈가 신설한 리그 오브 레전드 명예의 전당으로 게임과 스포츠, 그리고 커뮤니티에 긍정적인 영향을 끼친 인물을 선정해 그들의 행보를 기릴 의미로 만들어졌습니다. 이러한 자리에 이상혁이 1호 헌액자가 됐죠.

작년 월드 챔피언십 전시 공간으로 구성됐던 하이커 그라운드는 '페이커 신전'으로 구성되어 이상혁에 관련된 전시를 진행했고, 매일 많은 사람이 방문해 전설의 전당 입성을 축하했습니다. 리그 오브 레전드 게임과 함께 서울 한복판인 종각에 기념 공간이 생길 정도로 이제 이상혁은 단순한 프로게이머가 아니라 e스포츠에서 가장 존경받는 인물로 성장했죠. "리그 오브 레전드와 e스포츠 역사에서 가장 상징적으로 영향력 있는 인물이 이상혁이다. 우수함의 대명사이며, 최초 헌액자에 걸맞는 자격을 갖춘 선수"라는 것이 라이엇 게임즈의 이야기입니다.

이상혁의 전설의 전당 입성은 파격적입니다. 기존 스포츠에서 명예의 전당은 선수 생활을 마치고 은퇴한 선수를 대상으로 선정되기 때문입니다. 하지만 이상혁은 작년 월드 챔피언십 우승을 차지하고, 이어 올해 LCK 스프링에서도 준우승에 오를 정도로 여전히 좋은 기량을 보이고 있습니다. 누가 봐도 이상혁은 이제 리그 오브 레전드, 그리고 e스포츠 전체에서 전설적인 인물이 된 것이죠.

이러한 명예에도 이상혁은 계속 발전하겠다는 이야기를 전했습니다. 6월 진행된 전설의 전당 미디어데이에서 이상혁은 다시 한 번 자신의 목표에 관해 말합니다. 처음에는 돈을 보고 프로게이머를 시작했고 이후에는 명예를 위해 프로게이머로 노력했지만 이제는 팬들의 사랑을 많이 받는 것이 오랫동안 의미 있는 일이라는 것이 이상혁의 이야기입니다.

팬들의 사랑을 가장 중요하게 생각하는 이유에 관해 이상혁은 다음과 같이 말합니다. "삶의 의미를 부여하기 위해 많은 책을 읽고 생각하며 어떤 가치관이 가장 중요한지 고민했습니다. 돈과 명예는 한시적이고, 거기에 만족하지 못합니다. 저에게 가장 의미가 있는 일은 많은 팬들이 나를 통해 많이 배우고 성장하는 것이라 생각합니다. 그리고 기존의 게임이 가진 부정적인 인상에도 어떻게 좋은 영향력을 줄 수 있을지 고민하고 실천하려 합니다."

이상혁은 이런 본인의 가치관의 변화에 있어 팬들이 큰 역할을 했다고도 합니다. "프로게이머 생활을 하면서 굴곡이 많았지만 그만큼 극복해서 여기까지 왔습니다. 많은 분이 이런 저의 모습을 보면서 어려움을 극복할 수 있으면 합니다. 실제로 편지에서 저를 보고 힘든 순간을 이겨냈던 이야기를 보면 뿌듯하고 의미 있는 활동을 하고 있다는 생각에 오히려 팬들에게 감사하다는 인사를 드리고, 저 역시 힘을 얻고 있습니다."

모든 스포츠에서 가장 중요한 것은 경기와 선수를 바라보는 팬입니다. 팬이 있어 리그가 시작되고 성장하는 것이죠. e스포츠 역시 마찬가지였습니다. 부정적인 이미지에서 시작했지만 팬들의 사랑으로 계속 성장하고, 사람들의 관심이 커져가며 아시안 게임 정식 종목으로도 선정됐죠. 이상혁은 가장 중요한 것을 놓치지 않았습니다. 본인이 무엇을 하든 가장 중요하다는 것은 팬들의 관심이라는 것이죠.

이상혁이 남긴 말 중에 "모든 길은 결국 저를 통합니다."라는 이야기가 있습니다. 하지만 이상혁은 이제 모든 길이 통하는 것이 아닌, 모든 길이 합쳐지는 하나의 길입니다. 처음 길을 내는 것은 힘든 일입니다. 산을 깎고, 나무를 자르고, 강에 다리를 놔야 하는 힘든 일이죠. 그만큼 길을 따라간다는 것은 안전하고 확실하다는 의미입니다.

프로게이머를 꿈꾸는 사람에게 이상혁은 감히 넘볼 수 없는 존재일 수도 있습니다. 리그 오브 레전드를 꿈꾸는 많은 프로게이머 지망생은 게임단에 입단하는 것조차 쉽지 않습니다. 한국 리그 오브 레전드 최상위 리그인 LCK는 그 많은 프로게이머 중 적게는 50명, 많아봐야 70명 정도만 밟을 수 있는 곳입니다. 그리고 이미 그 곳에는 쟁쟁한 실력을 가진 선수들이 자리잡고 있습니다. 그리고 그 마지막에는 이상혁이 서 있습니다.

앞에서 이미 한 번 말했었죠. 프로게이머를 꿈꾸는 사람이라면 단지 프로게이머가 되는 것으로 만족하지 않을 거라는 이야기입니다. 누구든 프로게이머가 되어서 부와 명예를 누리고 싶어할 겁니다. 이 목표를 위해서는 이상혁이 말한 것처럼 그 과정이 중요합니다. 누가 봐도 인정할 수 있는 노력과 열정으로 성장한다면, 유명한 선수가 되었을 때 그 과정이 그 사람을 더욱 빛내 줄 것입니다. 반대로, 프로게이머로 성장하는 과정에서 잘못된 행동을 한다면 이는 언젠가 발목을 잡게 됩니다.

이미 성공한 사람의 뒤를 따라 가는 것이 가장 성공하기 쉬운 길입니다. 게임과 e스포츠에 관한 부정적인 인식이 여전한 지금, 이상혁은 이러한 인식 속에서도 누구나 생각했을 때 옳은 길을 가고 있습니다. 새로운 길을 개척하는 사람이 올바른 길을 가기에, 프로게이머를 꿈꾸는 여러분 역시 이 길을 믿고 따라가면 단지 프로게이머가 되는 것이 아닌 성공한 프로게이머가 될 수 있습니다.

지금 막 프로게이머를 생각하고 꿈꾸는 예비 프로게이머, 그리고 이를 함께 지켜보고 도와줄 부모님들에게 지금까지 만나본 이상혁의 인터뷰를 소개한 것도 이런 이유죠. 프로게이머 그 이상의 목표를 향해 간다면 이상혁의 노력과 겸손함, 그리고 그가 보여준 열정은 꼭 프로게이머가 아닌 누가 봐도 배워야 할 점이기 때문입니다.

- e스포츠 경력 20년차,

- 2001년 한빛소프트배 온게임넷 스타리그 본선

- 프로게이머 및 크리에이터 에이전시 전문 공인회계사, 세무사

- 인천e스포츠협회 감사

- 한국공인회계사회 조세지원센터 자문위원

- 서울대학교 및 한양대학교 창업지원단 자문위원

chapter 12

프로게이머의 수입구조

프로게이머의 수입구조

자본주의 협곡에 발을 들여놓은 프로게이머 여러분! 이제 여러분은 단순한 게임 플레이어가 아닌, 생존을 위한 경쟁자입니다. 세계 최고의 프로게이머, 성공적인 스트리머, 인기 유튜버, 브랜드 홍보 모델…. 어떤 길을 택하든, 이곳에서 살아남기 위해서는 자본주의 협곡의 법칙을 이해하고, 아이템을 활용하며, NPC의 특성을 이해하고 살아남아야 해요. 시작하기 전에, 필수적인 세 가지를 알아볼게요.

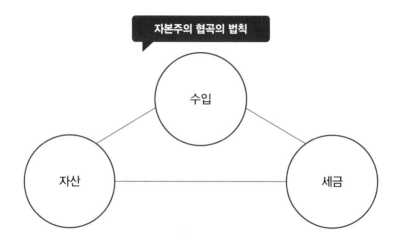

수입: 연봉, 월급, 사업소득 등 내가 버는 금액을 말합니다. 일반적으로 예측 가능성이 높은 수입을 예측 불가능한 수입보다 선호합니다. 프로게이머의 일반적인 수입은 계약된 연봉이며, 불규칙하지만 상금 등의 수입이 발생하기도 합니다.

자산: 보유 중이며 활용 가능한 자원을 말합니다. 수입을 쌓아 자산으로 만든 경우도 있고, 부모님 등으로부터 물려받은 경우도 있습니다. 건물처럼 자산에서 수익이 지속적으로 발생되는 경우가 있고, 개발 예정인 토지처럼 일정한 수입을 창출하지 못하는 자산도 있습니다.

세금: 쿨 타임, 1년마다 국가라는 오브젝트, NPC는 모든 참여자들에게 세금 징수라는 광역기를 씁니다. 캐릭터마다 피해 규모는 다르지만, 최대 50% 이상의 수입이 사라지기도 합니다.

총상금 28억 '롤드컵'...4승 달성한 페이커 T1 최종 상금은 얼마?

롤드컵 우승을 거둔 T1은 이 대회 역대 최다 출전, 최다 우승 타이기록을 가지고 있다. 이번 대회의 총상금은 222만 5,000달러(약 29억 원)로 우승팀이 이 중 20%를 가져간다. 또한 라이엇게임즈는 T1의 우승을 기념해 선수 5명의 챔피언 우승 헌정 스킨을 제작하기로 했다.

여기에 롤드컵 기념 상품 판매 매출액 일부를 더해 최종상금이 결정된다. 롤드컵의 우승 트로피인 '소환사의 컵'은 글로벌 주얼리 브랜드 티파니앤코가 제작했다. 명품 브랜드 루이뷔통이 제작한 보관함에 넣어 전달된다. 이번 롤드컵의 경우 마스터 카드, 메르세데스 벤츠 등이 공식 후원사로 참여했다. 이외에도 레드불, 시크릿랩, 아마존 웹 서비스(AWS), 코카콜라, 오포 등도 대회를 지원하고 있다.

한편 내년 롤드컵 결승은 영국 런던의 O2 아레나에서 열린다. O2 아레나는 영국에서 두 번째로 인원 수용률이 높은 장소이며 아델, 비욘세, U2 등 전설적인 아티스트와 밴드가 공연한 적이 있다. 2012년 하계 올림픽과 패럴림픽이 열렸고 NBA 경기와 ATP 테니스 시즌 결승 등의 대규모 스포츠 행사가 진행된 곳이다.

— 문영진 기자 파이낸셜뉴스(2023.11.20)

1. 꽃길만 있는 세상은 아니에요 : 프로게이머의 수입 구조와 현실적인 조언

프로게이머라는 직업은 화려해 보이지만, 많은 노력과 희생, 그리고 불확실성이 공존하는 현실이 있습니다. 수입구조는 연봉, 상금, 광고 및 스폰서십, 스트리밍 및 콘텐츠 제작 등으로 다양하지만 불안정하죠. 대부분의 프로게이머는 팀으로부터 기본 연봉을 받습니다. 다만, 팀의 재정 상황이나 개인의 실력에 따라 연봉의 수준은 크게 차이가 나기도 해요.

그럼 상금은 어떨까요? 토너먼트 우승 시 받는 상금은 매우 높지만, 모든 프로게이머가 매번 우승하는 것은 아니다보니 안정적인 수입원으로 보기는 어렵습니다. 이처럼 수익 구조는 다양하지만 이를 통해 안정적인 수입이 나온다는 것은 보장할 수 없어요. 안정적인 수입은 연봉, 기회를 가져다주는 수입은 상금이죠.

2. 현실적인 조언 : 수입 다각화 및 안정화 전략 필요

대부분 사람들이 예측 가능한 수입을 선호하는 것은 사실입니다. 프로게이머의 경우에도 예외는 아니랍니다. 예측 가능한 수입에 대해 이야기하기 전에, 먼저 우리는 수입의 종류를 나누어 보고 전략적으로 다가가야 해요.

연봉: 팀과의 계약 시, 명확한 연봉 조건을 협의하고, 성과에 따른 인센티브 지급 여부를 확인하는 것이 중요합니다.

상금: 토너먼트 참가를 통해 상금을 획득하여 추가 수익이 생기는 것은 중요하고 좋은 일이지만, 유일하거나 주된 수입원으로 의존해서는 안 됩니다.

광고 및 스폰서십: 개인 브랜드 가치를 높이고, 적극적으로 마케팅 활동을 하여 광고, 스폰서십 계약 기회를 창출해야 합니다.

스트리밍 및 콘텐츠 제작: 스트리밍, 콘텐츠 제작 등을 통해 추가적인 수입원을 확보하는 것도 좋은 방법입니다. 하지만 성공을 위해서는 꾸준한 노력과 전략적인 콘텐츠 제작이 필요합니다.

저축 및 투자: 불안정한 수입 구조를 대비하여, 꾸준히 저축하고 투자하여 미래를 준비하는 것이 중요합니다.

계약된 연봉 외 추가 수입은 프로게이머의 수입을 크게 늘려줄 수 있지만, 동시에 불확실성 또한 증가시킵니다. 대회에서 우승하거나 광고계약을 체결할 수 있을지, 스킨 판매 등이 성공할지 결과를 예측하기 어렵기 때문인데요. 따라서 프로게이머는 예측 가능한 연봉과, 불확실하지만 높은 수익 가능성을 가진 추가 수입 사이에서 균형을 맞춰야 합니다. 어떤 수입 구조가 더 나은지는 개인의 성향과 계약조건 등 상황에 따라 다르지만, 안정성과 예측 가능성을 중요시하는 사람은 기본 연봉이 높은 팀을 선택하는 것을 고려할 수 있겠죠? 이제 각 연봉별 세금관리에 대해 알아봅시다!

chapter 13

프로게이머는
세금을 얼마나 내나요?

프로게이머는 세금을 얼마나 내나요?

세금은 국가 운영 자금을 조달하는 것과, 소득을 재분배하는 것이 목적이에요. 세금은 국가가 다양한 정책을 수행하고, 사회 기반 시설을 유지하며, 국력을 유지하고 강화하는 데 사용되죠. 또한, 세금 시스템은 높은 소득을 가진 플레이어*로부터 더 많은 세금을 징수하고, 낮은 소득을 가진 플레이어에게는 세금 감면 혜택을 제공하는 등 소득 재분배 기능을 수행하기도 해요.

자본주의의 세금 시스템은 쿨타임마다 국가라는 NPC가 모든 플레이어에게 세금징수라는 광역기를 사용하여 세금을 거둬들이는 시스템이에요. 플레이어의 캐릭터 레벨마다 피해 규모는 다르지만, 최대 50% 이상의 연간 수입이 사라질 수 있을 정도로 높죠.

세금을 냄으로써 사회 안전망이 구축되어 사회 전반적으로 삶의 질이 향상되지만, 고소득 플레이어는 소득과 재산이 감소하는 면도 있어요. 소득 감소는 플레이어의 소득에 직접적으로 영향을 미쳐 경제활동과 미래계획에 큰 영향을 주죠. 만약 플레이어가 자산을 보유하고 있는 경우, 스플래시 데미지처럼 주변 자산에도 영향을 미치는 재산세 피해도 입을 수 있어요. 이처럼, 세금 시스템은 게임 내 플레이어들에게 큰 영향을 미치는 중요한 시스템이에요. 따라서 세금 시스템의 적절한 설계와 운영은 게임의 지속 가능성과 공정성을 유지하는 데 중요한 역할을 한답니다.

---

* 플레이어: 참여자인 사람 / 캐릭터 : 플레이어가 운영하는 프리랜서, 사업자, 법인 등

이해하기 쉽게, 프로게이머의 레벨에 따른 세금을 알아볼까요?

프로게이머 여러분, 게임 실력 향상과 함께 '세금'이라는 강력한 적도 등장합니다! 마치 게임 캐릭터처럼, 연간 수입 티어에 따라 세금 몬스터에 의한 피해가 달라지므로, 각 수입 티어마다 맞는 대응 전략을 구사해야 합니다. 프로게이머 여러분의 레벨업에 따라 마찬가지로 강력해지는 세금 몬스터를 어떻게 물리칠까요? 걱정하지 마세요! 자본주의 캐릭터 테크트리를 활용한 세금 몬스터 공략 가이드를 준비했습니다.

초보, 언랭

연간 수입
2,400만 원 미만

많은 것들이 용인되는 단계입니다.

브론즈 ~ 실버

연간 수입
2,400만 원 이상 ~ 7,500만 원 미만

본격적인 세금 납부 의무가 발생합니다.

골드 ~ 플래

연간 수입
7,500만 원 이상 ~ 1.5억 원 미만

에메랄드 ~ 다이아

연간 수입
1.5억 원 이상 ~ 5억 원 미만

마스터 ~ 챌린저

연간 수입 5억 원 이상

개인으로 버티면 매년 세금 징수 광역기마다 최대 50% 이상의 피해를 입습니다.

[초보, 언랭] 연간 합산 수입 3,600만 원 미만

플레이어도 아직 초보라서 나타나는 세금 몬스터는 그리 강하지 않아요. 연간 수입 3,600만 원 미만의 캐릭터는 세금 몬스터의 주요 관심 대상이 아닙니다. 설령 어그로를 끈다 하더라도 간단하게 게임 장비, 인터넷, 교통비, 통신비 등 사업 관련 비용을 소득에서 공제하여 세금 피해를 줄일 수 있습니다.

연간 합산 수입은 매년 1월 1일부터 12월 31일까지 발생한 모든 수입을 합친 금액을 의미합니다.

예를 들어, 2024년 7월 1일부터 매월 500만 원씩 연봉 6,000만원 을 받는 계약을 했다면, 2024년의 연간 합산 수입은 7월부터 12월까지 6개월 동안 매월 500만원씩 받은 3,000만 원이 됩니다.

> **주의**
>
> 연간 합산 수입 3,600만 원 미만이라도 경우에 따라 사업소득 신고가 필요할 수 있어요. 다음의 문서를 받으면 꼭 세금 신고를 진행하세요!

▶ **종합소득세 신고 안내문이란?**

종합소득세 신고 대상인 납세자에게는 신고 안내문이 발송돼요.

일반적으로 우편이나 카카오톡으로 발송되는데, 받지 못했거나 분실하셨다면 홈택스에서 직접 조회하실 수도 있어요.

▶ **종합소득세 신고 안내문이란?**

신고 안내문을 통해 신고 유형, 기장 의무, 추계신고 시 적용되는 경비율의 종류, 납부 기한 직권 연장 여부 등을 확인하실 수 있어요.

사업소득이 있다면 업종코드, 수입금액, 경비율이 표기돼요.

직장이 두 군데 이상이어서 복수 근로소득이 있는 경우 등 합산해서 신고해야 하는 소득이 있을 때는 타소득(합산대상) 자료 유무란에서 확인할 수 있어요.

종합소득세 신고 안내 정보

※ 신고안내유형 및 기장의무 안내

성명		생년월일	
안내유형	종합소득세 확정신고 안내 (E유형)		
기장의무	간편장부대상자	추계시 적용경비율	단순경비율
납부기한 직권연장 여부	여	ARS 개별인증번호	

※ 사업장별 수입금액

사업자 등록번호	상호	수입종류 구분코드	업종 코드	사업 형태	기장 의무	경비율	수입금액	기준경비율		단순경비율	
								일반	자가	일반(기본)	자가(초과)
		부가가치세 업종별 수입금액	722003	단독	간편장부	단순		16.0%	16.4%	75.2%	74.9%
		신용카드발행 세액공제 등	722003	단독	간편장부	단순		16.0%	16.4%	75.2%	74.9%
			940909	단독	간편장부	단순		18.9%	18.9%	64.1%	49.7%

※ 타소득(합산대상) 자료유무

소득종류	이자	배당	근로		연금	기타
			단일	복수		
해당여부	X	X	O	X	X	X

※ 종교인기타 소득유무 :　　　　　　X

종합소득세 신고 안내 ↓

신고 안내문 조회 ↓

처음 프로게이머가 될 때에는 계약 연봉이 그리 크지 않은 경우가 일반적입니다. 일반적인 프로게이머는 계약한 연봉을 12등분하여 매월 지급받는데, 매월 소액의 세금을 공제한 금액을 지급합니다.

예를 들면, 1월 1일부터 연봉 24,000,000원에 계약한 선수는 매월 2,000,000원을 지급받아야 합니다. 그러나, 3.3%인 66,000원을 공제한 1,934,000원만 지급받게 됩니다.

세전급여(사업소득수입금액) 2,000,000원
− 원천징수 66,000원 (3.3%)
= 세후실제수령금액 1,934,000원

그런데, 66,000원씩 12개월 모으면 792,000원이나 됩니다.

적지 않은 돈인데, 이 돈은 어떻게 되는 걸까요? 국가가 그냥 가져가는 걸까요? 그렇지는 않습니다. 1년간 24,000,000원 외 다른 수입이 발생하지 않았다면 792,000원 전액 또는 상당 부분을 이듬해 5월 종합소득세 신고기간에 정산과정을 거쳐 돌려줍니다. 다만, 돌려받을 계좌는 알려줘야 합니다. 돌려받을 계좌를 알려주는 과정을 세금 신고라 합니다.

매년 4월 말, 5월 초에 앞에서 살펴 본 신고안내문을 받았다면 계좌 등록을 통해 환급받을 금액을 돌려받길 바랍니다.

프로게이머를 꿈꾸는 사람들이
꼭 알아야 할 가이드 북

[브론즈 ~ 실버] 연간 수입 3,600만 원 이상 ~ 7,500만 원 미만

본격적인 세금 몬스터 등장! 수입은 전년도와 별 차이가 없는 것 같은데, 세금은 크게 차이나기 시작합니다. 하지만 아직까지는 실제로 지출한 내역에 대한 증빙 및 소득공제라는 방패를 적절히 활용하면 효과적으로 방어할 수 있답니다.

전략

세금 몬스터는 증빙 서류라는 약점을 가지고 있어요. 실제로 지출한 비용 내역들과 소득공제 증빙 자료를 꼼꼼하게 관리하고, 직접 또는 전문가를 통해 매년 5월 세금신고 기간에 맞게 정확하게 신고 및 납부하여 과태료 부과를 방지하세요.

처음으로 연간 합산 수입이 36,000,000원을 넘는 경우 한 번의 구제 기회를 얻을 수 있습니다.
(다만, 75,000,000원을 넘는다면 구제 기회는 제공되지 않습니다.)
월 평균 수입이 300만 원을 넘는다면 생각보다 세금 부담이 높아질 수 있으니 유의하시기 바랍니다.

세금 신고 시에는 **세전 급여**를 기준으로 연간 합산 수입을 판단합니다. 즉, 세금을 공제하기 전의 급여인 **계약 연봉**을 확인하시면 됩니다.

예시) 세전 급여: 월 200만 원
세후 급여: 월 193만 4,000원 (세전 급여에서 원천징수 66,000원 제외)

이 경우, 세금 신고 시에는 세후 급여가 아닌 세전 급여인 월 200만 원을 기준으로 연간 합산 수입을 계산합니다.

Q. 종합소득세는 얼마나 낼까요? 예를 들어, 직전 년도 연간 합산 수입이 36,000,000원 넘은 프로게이머가 다음 해 연간 합산 수입이 70,000,000원이라면 납부할 세금은 약 1,274만 원 가량입니다.

[계산방식]

소득세 11,580,000원 = 70,000,000원*24%−5,220,000원

지방세 1,158,000원 = 소득세 11,580,000원*10%

<u>**합계금액 (결정세액) 12,738,000원**</u>

참고: 실제 납부 세액은 매월 원천징수된 세금을 제외한 금액입니다. 여기서는 간단하게 보여드리기 위해 총 세금(결정세액)만 계산했습니다.

소득세원천징수기납부세액 2,100,000원 = 70,000,000원*3%

지방세원천징수기납부세액 210,000원 = 70,000,000원*0.3%

5월에 실제 납부할 세액 10,428,000원 = 12,738,000원 − 2,100,000원 − 210,000원

세금을 줄이는 경비처리 알아보기 ↓

연말정산 소득공제 및
세액공제 자가진단표 ↓

과세표준	세율	누진공제
12,000,000원 이하	6%	–
12,000,000원 이하 초과 46,000,000원 이하	15%	1,260,000원
46,000,000원 이하 초과 88,000,000원 이하	24%	5,760,000원
88,000,000원 이하 초과 150,000,000원 이하	35%	15,440,000원
150,000,000원 이하 초과 300,000,000원 이하	38%	19,940,000원
300,000,000원 이하 초과 500,000,000원 이하	40%	25,940,000원
500,000,000원 이하 초과 1,000,000,000원 이하	42%	35,940,000원
1,000,000,000원 초과	45%	65,940,000원

[골드 ~ 플래] 연간 수입 7,500만 원 이상 ~ 1.5억 원 미만

세금 몬스터가 점점 강해지고 있어요. 건강보험이라는 친구도 나와서 같이 합세하여 플레이어를 공격합니다. 이제는 세액공제 및 감면 혜택, 전문가 소환이라는 무기들을 활용해야 할 때가 다가오고 있습니다.

전략

세금 부담을 낮추기 위해서는 사업 관련 지출을 관리해야 할 뿐 아니라, 사업자 등록, 세액공제, 세액감면 규정 등을 활용해야 합니다. 세무 전문가 상담을 통해 맞춤형 세금 최적화 전략을 수립해 보세요!

Q. 건강보험료는 얼마나 납부해야 하나요?

세금 신고가 끝나면 세금 뿐 아니라 건강보험료도 별도로 정산 후 납부하게 되는데, 기존에 선수 본인 명의로 건강보험료를 납부한 적이 없다면 일시불로 수백만 원 가량을 납부해야 하며, 매월 수십만 원 이상의 건강보험을 납부해야 합니다.

[연간 소득금액이 70,000,000원인 경우 매월 납부해야 할 건강보험료 사례]

예상지역보험료(02월) 467,140원

상세닫기

① 소득(사업·연금·근로·기타소득) (소수점 3자리 이하 표기생략)	1,984.565점
② 소득최저보험료	0원
③ 재산(주택·건물·토지·전월세 등)	0점
④ 건강보험료 ((①+③)x208.4원(2024년도 부과점수당 금액)+②	413,580원
⑤ 장기요양보험료(④x0.9182%/7.09%, 2024년 기준)	53,560원
⑥ 지역보험료((④+⑤)	467,140원

[4대 사회보험료 계산] [임의계속보험료 모의계산]

세금이 아닌 척 하는 세금이 있다?
건강보험과 국민연금 조정하는 방법 ↓

내 보험료 계산하기 ↓

[에메랄드 ～ 다이아] 연간 수입 1.5억 원 이상 ～ 5억 원 미만

당신은 유명한 선수군요! 거대한 부는 거대한 책임을 동반합니다. 이제는 세무 전문가, 자산관리사 등 용맹한 전문가 파티를 구성해야 합니다. 포트폴리오 투자 및 자산 관리, 공익 활동 및 기부라는 현명한 전략으로 세금 몬스터를 물리치고 사회에도 기여해 보세요.

> **전략**
>
> 세무 전문가, 자산관리 전문가 등을 통해 세금 효율성을 높일 수 있습니다. 가족이 선수의 일을 도와준다면 가족 구성원에게 소득을 나눠줘서 세금 몬스터를 약화시킬 수 있답니다. 또한, 공익 활동 및 기부를 통해 세액 공제 혜택을 받고 사회적 책임을 다하는 것도 좋은 방법입니다. 투자 및 자산 관리를 통해 일시적 수입을 지속적 수입으로 바꿔보세요!

연간 합산 수입 75,000,000원 이상 부터는 국세청에서 고소득자로 분류해 세금 신고시 조금 더 높은 의무를 요구합니다. 복식부기의무자라고 해서 조금 더 복잡한 방식으로 세금 신고를 해야 하며, 경비처리에 조금 더 엄격한 기준이 적용됩니다.

좋은 일 하고 세금 부담도 줄여보자!
기부금 관련 세무가이드 ↓

Q. 다른 사람들은 많이 벌어도 간단하게 적게 낸다고 하던데요?

전국에 세무서가 100개가 넘고, 국세청 근무 인원은 20,000명이 넘습니다.

국세청 내 조세탈루혐의를 조사하는 조사관 입장에서는 소득이 적은 사람 100,000명을 조사하는 것보다는 고소득자 1명을 조사하는 게 세수 확보에도 용이해 실적을 올리기 좋으며, 조세 정의를 실현하는 데 더 중요한 역할을 한다는 생각에 심리적으로도 편안하게 느껴지는 선택일 수 있습니다.

KBS 뉴스

'탈세 혐의' 고소득 유튜버 등 80여 명 세무조사

"국세청이 이번에 세무조사에 착수한 탈세 혐의자는 모두 80여 명입니다.

주로 자신의 유명세와 영향력 등을 이용해 높은 수익을 올리면서, 세금은 제대로 내지 않은 신종 호황 사업자 등이 조사 대상입니다. 인기 유튜버와 작가, 연예인, 프로게이머와 운동선수 등도 포함됐습니다.

유명 주식 유튜버 A 씨는 동영상 강의 판매 수익을 차명 계좌나 가상 화폐를 통해 받는 수법으로 수십억 원의 소득 신고를 누락했고, 한 웹툰 작가는 자신의 작품을 면세 매출로 신고하는 방법으로 거액의 부가가치세를 내지 않은 정황이 포착됐습니다.

또 다른 SNS 활동가는 실제 근무하지 않은 친인척에게 급여를 지급하는 수법으로 법인세를 탈루한 혐의를 받고 있습니다."

오호선/국세청 조사국장 : "남다른 지위와 제도 인프라 덕분에 고수익을 누리면서도 헌법 규정인 납세 의무를 무시하며 지능적으로 탈세하고, 온라인 산업 생태계의 공정 성장을 저해하고."

[마스터 ~ 챌린저] 연간 수입 5억 원 이상

당신은 최고의 선수로군요! 왕관을 쓰려는 자 그 무게를 견뎌라! 최고의 레벨에 도달했지만, 그에 걸맞게 세금 몬스터도 더욱 강력해집니다! 플레이어는 막대한 수입과 인기를 누리지만, 동시에 높은 세금 부담을 감당해야 합니다. 하지만 방법이 전혀 없는 것은 아닙니다.

> **전략**
>
> 설마 아직까지 세무 및 자산관리 전문가 팀과 협력 안 한 사람 없죠? 당신은 이제 당신 혼자가 아닌 하나의 기업에 가깝습니다. 반드시 전문가들과 긴밀하게 협력하여 맞춤형 세금 및 재산 관리 전략을 수립하고, 투자 및 자산 관리를 전략적으로 진행하는 것이 중요합니다.

['페이커' 이상혁 선수의 법인 주식회사 페이커 컴퍼니]

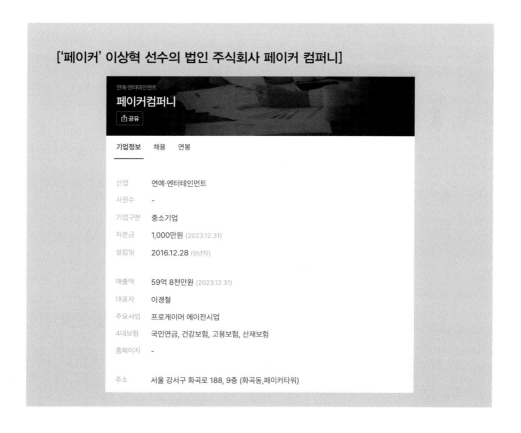

연예·엔터테인먼트

페이커컴퍼니

[↥공유]

기업정보   채용   연봉

산업	연예·엔터테인먼트
사원수	-
기업구분	중소기업
자본금	1,000만원 (2023.12.31)
설립일	2016.12.28 (9년차)
매출액	59억 8천만원 (2023.12.31)
대표자	이경철
주요사업	프로게이머 에이전시업
4대보험	국민연금, 건강보험, 고용보험, 산재보험
홈페이지	-
주소	서울 강서구 화곡로 188, 9층 (화곡동,페이커타워)

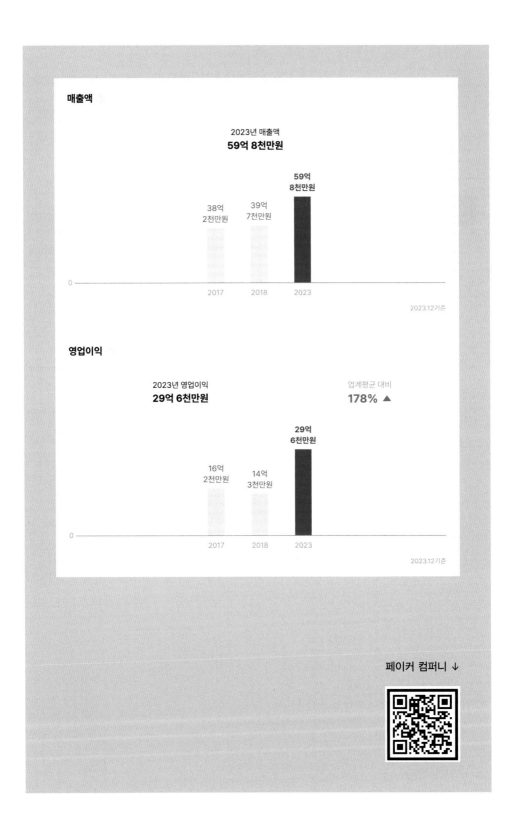

매출액

2023년 매출액
59억 8천만원

38억
2천만원

39억
7천만원

59억
8천만원

2017 2018 2023

2023.12기준

영업이익

2023년 영업이익
29억 6천만원

업계평균 대비
178% ▲

16억
2천만원

14억
3천만원

29억
6천만원

2017 2018 2023

2023.12기준

페이커 컴퍼니 ↓

프로게이머를 꿈꾸는 사람들이
꼭 알아야 할 가이드 북

"좋은대학이 목표였지만…" 프로게이머 페이커,
투자스킬도 '국보급'이었네

페이커의 정확한 연봉은 공개되지 않고 있지
만, 2017년 당시 인센티브를 포함 50억 원에
달할 것으로 추정됐다. 현재는 이보다 더 큰
폭으로 상향돼 100억 원을 상회할 수도 있다
는 관측이 나온다. 페이커는 과거 중국 LPL 게
임단으로부터 245억 원 규모의 연봉으로 영입

제의를 받은 적도 있지만, T1과의 장기계약 등으로 이를 거절한 바 있다.

이날 방송을 통해 페이커의 부동산 투자 사실도 다시 한 번 소개됐다. 페이커
는 지난 2020년 서울 강서구 화곡동에 있는 꼬마빌딩 한 채를 113억 원에 매
입했다. 다만, 개인 명의가 아닌 주식회사 에이블 명의로 매수했는데, 에이블
은 페이커의 에이전시인 페이커컴퍼니가 지분 100%를 보유하고 있는 부동산
투자 전문 회사다. 이 빌딩 입구에는 '페이커 타워(FAKER TOWER)'라고 건물
명이 적혀 있다.

4. 보유토지의 공시지가

당기말과 전기말 현재 회사가 보유하고 있는 토지의 공시지가는 다음과 같습니다(단
위: 천원).

구 분	토 지 소 재 지	면적(㎡)	장부가액	공시지가	
				당기말	전기말
유형자산	서울특별시 강서구 화곡동 114-12	607	8,269,758	4,999,252	4,598,025

주식회사 에이블의 감사보고서에 있는 페이커 빌딩 보유 내역

페이커 타워는 지하 2층~지상 9층 규모로 1997년 준공됐다. 지하철 5호선 화곡역에서 도보로 3분 내외 걸리는 초역세권 입지다. 사거리 코너 입지이면서 건물 전면에는 7차선 대로변이, 건물 측면에는 6m 규모의 도로가 위치해 건물의 가시성도 뛰어나다. 임차인 역시 카페와 한방병원 등 우량 임차인으로 구성돼 있다. 대지면적은 약 183평이고 연면적은 921평 정도다.

건폐율 57.02%, 용적률 396.01%로 3종일반주거지역 법정 용적률에 비해 2가지 모두 유리하게 지어진 건물이다. 에이블이 금융감독원에 제출한 감사보고서에 따르면 페이커 빌딩의 공시지가는 지난해 50억원 가량으로 2년새 21%(8억 6,497만 원) 상승했다.

— 서경원 기자 헤럴드경제(2024.01.29)

대한민국 전체 납세자 2,500만 명 중 극히 일부인 0.1%에 해당하는 약 25만 명만이 연간 5억원 이상의 고소득 사업소득자입니다. 이들은 세금 신고 시 회계사나 세무사가 성실하게 신고했다는 보증서와 같은 추가 서류를 제출해야 하다보니 경비 처리 기준도 까다롭습니다. 사실, 세금 신고를 도와줄 대리인을 찾는 것조차 쉽지 않은 상황입니다.

사업소득자로서 이 단계까지 왔다면 절세 전략을 세우기에는 이미 늦은 편입니다. 보통은 연소득 5억 원 이상이 되기 전에 자본주의 궁극의 챔피언 법인을 소환하여 절세 혜택을 누리는 것이 일반적입니다.

Q. 세금, 헷갈리는 절세와 탈세, 어떻게 구분할까요?

세금은 복잡하고, 전문가의 설명도 부족할 때가 많아요. 게다가 세금에 대한 적대감으로 인해 세무대리인이 세부적인 설명을 생략하는 경우도 있어요. 결과적으로, 본의 아니게 절세와 탈세의 혼란에 빠질 수 있죠. 절세는 법의 범위 내에서 조세 부담을 줄이는 행위입니다. 예를 들어, 소득공제, 세액공제, 세금 감면 혜택 등을 적극 활용하는 것이 여기에 속합니다. 반면, 탈세는 법으로 금지된 방법으로 조세 부담을 회피하는 행위입니다. 허위 신고, 영수증 위조, 부당한 비용 계산 등이 여기에 해당됩니다. 문제는 두 개념의 경계가 명확하지 않다는 점입니다. 세무 전문가의 부족한 설명이나 세금에 대한 부정적인 인식으로 인해, 본인이 절세를 하고 있는지 탈세를 하고 있는지 알 수 없는 경우가 많습니다.

본의 아니게 탈세 혐의를 받게 될 수 있고, 세무 조사를 받게 되어 불필요한 스트레스를 겪을 수 있으며, 추가 납부해야 할 세금이 발생하여 경제적 손실을 입을 수 있습니다. 따라서, 세금에 대한 올바른 이해가 중요합니다. 절세와 탈세의 차이를 명확하게 파악하고, 전문가의 도움을 받아 적절한 세금 관리를 하는 것을 잊지 마세요.

다음은 절세와 탈세를 구분하는 데 도움이 되는 몇 가지 팁입니다.

1. 전문가와 상담하세요.

세무 전문가는 개인의 상황에 맞는 세금 조언을 제공하고, 절세와 탈세의 경계를 명확하게 설명해줄 수 있습니다.

2. 세무 관련 법규를 확인하세요.

국세청 홈페이지 등을 통해 관련 법규를 확인하고, 본인의 행위가 법의 범위 내에 있는지 확인할 수 있습니다.

3. 의심스러운 점이 있으면 질문하세요.

세무 관련 정보를 접할 때, 의심스러운 점이 있으면 전문가에게 질문하여 명확하게 파악하는 것이 중요합니다.

chapter 14

효율적인 세금관리 전략 : 궁극의 챔프 법인

효율적인 세금관리 전략 : 궁극의 챔프 법인

법인은 절세 및 자산 관리 측면에서 개인 또는 3.3% 사업소득자보다 유리한 점이 많습니다. 궁극의 챔프 법인의 장점과 전략, 유의점을 살펴보겠습니다.

장점

1. 낮은 세율

① 누진세율 적용 회피: 법인은 개인 또는 사업소득자와 달리 높은 종합소득세 누진세율이 아닌 2단계의 낮은 법인세율을 적용받습니다. 법인세율은 소득 구간에 따라 9%~19%로 고정되어 있어, 고소득자일수록 세금 부담을 크게 줄일 수 있으며, 건강보험료도 납부하지 않습니다.

② 세율 인하 혜택: 정부는 법인세율 인하 등 다양한 세제 혜택을 제공합니다. 이러한 혜택을 활용하여 세금 부담을 더욱 줄일 수 있습니다.

종합소득세 세율(2023년 귀속)

과세표준	세율	누진공제
12,000,000원 이하	6%	–
12,000,000원 이하 초과 46,000,000원 이하	15%	1,260,000원
46,000,000원 이하 초과 88,000,000원 이하	24%	5,760,000원
88,000,000원 이하 초과 150,000,000원 이하	35%	15,440,000원
150,000,000원 이하 초과 300,000,000원 이하	38%	19,940,000원
300,000,000원 이하 초과 500,000,000원 이하	40%	25,940,000원
500,000,000원 이하 초과 1,000,000,000원 이하	42%	35,940,000원
1,000,000,000원 초과	45%	65,940,000원

소득종류 법인종류	각 사업연도 소득		
	과세표준	세율	누진공세
영리법인	2억 이하	9%	–
	2억 초과 200억 이하	19%	2,000만 원

법인세 세율(2022년 이후)

2. 다양한 공제 및 감면 제도

① 필요 경비 인정 범위 확대: 법인은 사업 활동에 필요한 경비를 폭넓게 인정받아 과세표준을 낮출 수 있습니다. 접대비, 차량 유지비, 복리후생비 등 다양한 비용을 필요 경비로 처리하여 세금을 절약할 수 있습니다.

가족인건비

차량관련비용

출장관련비용

대표이사 급여

② 다양한 세액 감면 및 공제: 법인은 다양한 세액 감면 및 공제를 받을 수 있습니다. 감면 및 공제받은 세금을 바탕으로 장기적인 관점에서 미래 성장 동력 확보가 가능합니다.

3. 자금 관리 및 조달 용이성

① 자금 관리: 법인은 다양한 이해관계자가 참여하여 함께 자금을 관리할 수 있습니다. 그러므로, 가족 구성원들과 법인을 설립하여 운영하기 용이합니다.

② 대출: 법인은 개인 사업자보다 신용도가 높아 은행 대출 등 자금 조달이 쉽습니다. 낮은 금리로 자금을 확보하여 사업 운영 또는 부동산 매입 등에 필요한 유동성을 확보할 수 있습니다.

③ 배당 소득 활용: 법인은 이익잉여금을 배당금 형태로 주주에게 분배할 수 있습니다. 배당 소득은 종합소득에 합산되지 않고 분리과세되므로, 소득세 부담을 줄이는 효과가 있습니다.

> **주의할 점**
>
> 엄격한 회계 및 세무 관리: 법인은 고소득 사업소득자와 동일하게 복식 부기를 기반으로 한 엄격한 회계 및 세무 관리가 요구됩니다. 이를 제대로 이행하지 않을 경우 가산세 등 불이익을 받을 수 있습니다.

장점에 대해 좀 더 자세히 알아보아요!

1. 세율이 낮고, 건강보험료가 부과되지 않습니다.

종합소득세 VS 법인세 비교서식 관련 세무가이드

단순하게 법인으로 2억을 벌었을 경우와, 개인으로 2억을 벌었을 경우의 세금 및 건강보험을 비교해보면 다음과 같습니다.

[법인]

법인세 : 18,000,000원 (= 2억 * 9%)

지방소득세 : 1,800,000원 (=2억 * 0.9%)

합계금액 : 19,800,000원

세금 납부 하고 법인 계좌에 남은 돈은 182,000,000원 (재투자가능자금비율 90.1%)

[개인]

종합소득세 : 56,060,000원 (= 2억 * 38% − 1,994만 원)

지방소득세 : 5,606,000원 (= 56,060,000원 * 10%)

건강보험료 : 16,016,280원

합계금액 : 77,682,280원

세금 납부 후 개인 계좌에 남은 돈은 122,317,720원 (재투자가능자금비율 61.16%)

전체초기화

소득금액(연소득 기준) ⟳

| 사업소득 등 ⓘ | 20,000 | 만원 | 연금소득 ⓘ | | 만원 | 근로소득 ⓘ | | 만원 |

분리과세 주택임대소득 ⓘ ___ 만원

- 연금소득은 전년도 소득액에 대하여 해당 연도 1월부터 12월까지.
- 전년도 소득중 연금소득을 제외한 소득(이자·배당·사업·근로·기타소득)에 대해서는 해당연도 11월부터 다음해 10월까지 반영

재산금액(주택, 건물, 토지, 선박, 항공기 등 과세표준액 기준)   60등급 ⟳

| 주택 | | 만원 | 건물 | | 만원 | 토지 | | 만원 |

| 선박 | | 만원 | 항공기 | | 만원 | 전세(보증금) | | 만원 |

| 월세(보증금) | | 만원 | 월세 | | 만원 | | | |

- 재산자료(주택,건물,토지,선박,항공기)는 해당 연도 11월부터 다음 해 10월까지 반영
  - 재산 자료는 해당 연도 6월 1일 기준 재산세 과세표준금액 입니다.
- 임차주택에 대한 보증금 및 월세금액에 대한 자료는 매월 반영

주택금융부채 공제 (공제신청 대상자만 적용)

주택금융부채(대출잔액) ● 주택 ○ 전월세 ___ 만원

≫ 주택금융부채공제 제도 알아보기 (클릭)

예상지역보험료(06월) 1,334,690원

상세닫기

① 소득월액보험료(사업·금융·연금·근로·기타소득)x건강보험료율	1,181,666원
② 재산(주택·건물·토지·전월세 등) 점수	0점
③ 재산보험료(②x208.4)	0원
④ 건강보험료(①+③)	1,181,660원
⑤ 장기요양보험료(④x0.9182%/7.09%, 2024년 기준)	153,030원
⑥ 지역보험료(④+⑤)	1,334,690원

종합소득세와 법인세 ↓

2. 법인은 개인에 비해 인건비, 차량 관련 비용, 법인카드 사용 내역 등 경비 처리 범위가 더 폭넓게 적용됩니다.

구분	법인	개인	비고
인건비	– 모든 임직원 급여, 상여금, 퇴직금 경비 처리 가능 – 직원 복리후생비 일정 범위 내 경비 처리 가능	– 사업주 본인의 인건비 경비 처리 불가능 직원 인건비는 필요경비로 공제 – 가족 인건비는 특정 요건 충족 시 인정	법인은 폭넓은 인건비 경비 처리 가능
차량 관련 비용	– 업무용 차량 구입비, 유지비, 리스료 등 경비 처리 가능 – 승용차는 일정 요건 충족 시 비용 인정	– 업무용 차량 관련 비용은 사업소득에서 필요경비로 공제 – 승용차는 감가상각비, 임차료 등 일부 비용만 제한적 인정	법인은 차량 관련 비용 경비 처리에 유리

구분	법인	개인	비고
법인카드 사용 내역	– 업무 관련성 인정 시 경비 처리 가능 – 접대비, 경조사비 등 일정 한도 내 경비 처리	– 사업용 카드 등록 후 사업 관련 지출 증빙 시 경비 처리 가능 –개인적 용도 사용 금액은 경비 처리 불가능	법인은 업무 관련 지출 범위가 더 폭넓게 적용됨
기타 경비	– 복리후생비, 접대비, 광고선전비, 여비 교통비, 통신비 등 다양한 비용 경비 처리 가능	– 사업 관련 지출 대부분 경비 처리 가능 일부 항목은 제한 있을 수 있음	법인은 다양한 경비 처리 항목 보유

3. 법인은 개인에 비해 세액공제 및 감면 혜택을 더 많이 받을 수 있습니다. 이는 기업 활동을 장려하고 일자리 창출 및 경제 성장을 촉진하기 위한 정부의 정책적인 지원입니다.

[법인의 주요 세액공제 및 감면 혜택 예시]

– **중소기업 특별세액감면:** 중소기업의 세금 부담을 줄여주기 위한 제도로, 업종별로 일정 비율의 세액을 감면해줍니다.

– **고용증대 세액공제:** 고용을 늘리는 기업에게 세금을 공제해주는 제도입니다.

– **창업중소기업 세액감면:** 창업 초기 중소기업의 세금 부담을 줄여주기 위한 제도로, 일정 기간 동안 소득세 또는 법인세를 감면해줍니다.

– **투자세액공제:** 특정 투자를 하는 기업에게 세금을 공제해주는 제도입니다.

수도권 과밀억제권역 외 지역 이전 기업에 대한 세액감면: 수도권 과밀억제권역 밖으로 사업장을 이전하는 기업에게 세금을 감면해주는 제도입니다.

– **연구 및 인력개발비 세액공제:** 연구개발 활동에 투자하는 기업에게 세금을 공제해주는 제도입니다.

4. 법인은 개인에 비해 대외신인도가 높아 대출 등 금융 거래 시 장점이 있습니다.

법인은 대출 한도가 높고 금리도 낮게 책정될 가능성이 높습니다. 또한, 법인의 재무 상태와 신용도에 따라 정책 자금이나 특별 금융 상품을 이용할 수 있는 기회도 더 많습니다.

그에 반해 개인은 사업주 개인의 신용도에 따라 대출 가능 여부와 한도가 결정됩니다. 사업 실적이 부족하거나 지속가능성을 높게 평가하지 않거나, 신용도가 낮은 경우 대출이 어렵거나 높은 금리를 부담해야 할 수 있습니다.

또한, 법인은 사업 자금 관리를 위한 법인 계좌를 개설하고, 법인 명의로 각종 금융 상품에 가입할 수 있습니다. 이는 사업 자금과 개인 자산을 분리하여 관리할 수 있게 해주며, 사업 운영의 투명성을 높여 금융 기관과의 거래 신뢰도를 향상시킵니다. 그 결과 기업 신용 평가를 통해 신용 등급을 부여받고, 이를 바탕으로 다양한 금융 혜택을 누릴 수 있습니다. 예를 들어, 기업 신용 카드 발급, 외환 거래 우대, 보증 보험료 할인 등의 혜택을 받을 수 있습니다.

반면, 개인은 사업 자금과 개인 자산을 명확하게 구분하기 어려울 수 있으며, 이는 금융 거래 시 불리하게 작용할 수 있습니다.

chapter 15

경제적 안정과 성공적인 자산관리를 위한 조언

경제적 안정과 성공적인 자산관리를 위한 조언

인생을 행복하게 살아가는데 돈이 불편함을 주지 않도록 지속적인 수입을 창출할 수 있는 시스템을 구축하는 것은 매우 중요합니다. 일찍 데뷔해 소득을 올리는 소수의 프로게이머를 제외한다면, 일반적인 사람은 대체로 삶의 1/3을 준비하는 데 사용하고, 1/3을 돈을 버는 데 사용하고, 그 돈을 마지막 1/3에 쓰면서 삽니다. 그러나 지속적인 수입을 창출하는 것은 의외로 어렵습니다. 예상치 못한 상황이 발생하기도 합니다. 수입을 자산으로 전환하지 않고 모두 소비한다면, 나중에 다시 수입을 창출해야 하는 어려움에 직면할 수 있습니다.

프로게이머로서 활동하는 동안 얻는 수입은 일반적인 직장인과 다르게 활동 기간과 수입 변동성이 크다는 특징이 있습니다. 따라서 프로게이머로서 활동하는 동안 획득한 소중한 수입을 미래를 위한 든든한 자산으로 만들기 위해서는 철저한 계획과 자산관리가 매우 중요합니다. 지금부터 선수 생활은 물론 은퇴 후에도 안정적인 삶을 누릴 수 있도록 경제적 안정을 확보하고 성공적인 미래를 설계하기 위한 몇 가지 조언을 드리겠습니다.

1. 자산의 두 가지 형태 이해하기

일정한 수입을 창출하는 자산: 예금, 적금, 채권, 배당주, 부동산 임대 등 꾸준하고 안정적인 현금 흐름을 만들어주는 자산입니다. 은퇴 후에도 고정적인 수입을 확보하는 데 중요한 역할을 합니다.

미래 가치 상승을 기대하는 자산: 성장주, 펀드, 개발 예정 토지, 미술품 등 현재는 수익이 없지만, 미래에 가치가 크게 상승할 가능성이 있는 자산입니다. 장기적인 관점에서 투자하여 자산 증식을 목표로 합니다.

2. 자산 포트폴리오 구성하기

앞서 언급한 일정한 수입을 창출하는 자산, 미래 가치 상승을 기대하는 자산 두 가지 유형의 자산을 적절히 조합하여 포트폴리오를 구성하는 것이 중요합니다. 안정적인 수입을 창출하는 자산은 기본적인 생활을 유지하는 데 필요한 자금을 제공하고, 미래 가치 상승을 기대하는 자산은 자산 증식과 은퇴 후의 삶을 준비하는 데 도움을 줄 수 있습니다.

① 균형 잡힌 포트폴리오: 안정적인 수입을 위한 자산과 미래 가치 상승을 위한 자산을 적절히 조합하여 투자 위험을 분산하고 안정적인 수익을 추구합니다.

② 개인의 상황 고려: 나이, 선수 경력, 위험 감수 성향, 재정 목표 등을 고려하여 자신에게 맞는 자산 배분 비율을 결정합니다.

③ 전문가의 도움: 자산 관리 전문가와 상담하여 맞춤형 투자 전략을 수립하고 자산 관리에 대한 조언을 얻는 것이 좋습니다.

④ 짧은 선수 생명 고려: 프로게이머는 선수 생명이 짧은 편이므로 은퇴 후 삶을 위한 준비가 필수적입니다. 조기에 은퇴 자금 마련을 시작하고, 다양한 수입원을 확보하는 것이 중요합니다.

⑤ 불규칙한 수입 관리: 대회 상금 등 불규칙한 수입을 효율적으로 관리하기 위해 예산 계획을 세우고, 저축과 투자를 병행해야 합니다.

3. 현명한 소비 습관 기르기

① 예산 계획: 수입과 지출을 파악하고 불필요한 지출을 줄여 저축률을 높입니다.

② 절세 전략: 금융 상품 활용, 세액공제 등을 통해 세금 부담을 줄이고 자산 증식 효과를 높입니다.

③ 재정 교육: 금융 지식을 쌓고 투자 경험을 늘려 현명한 투자 결정을 내릴 수 있도록 노력합니다.

4. 다양한 수입원 확보하기

프로게이머 활동 외에도 다양한 수입원을 확보하는 것이 중요합니다. 개인 방송, 유튜브 채널 운영, 강연, 코칭, 학위 취득, 커리어 개발 등 다양한 활동을 통해 수입을 다변화하고, 선수 생활 이후에도 안정적인 수입을 유지할 수 있도록 준비해야 합니다.

프로게이머는 짧은 선수 생활 동안 최고의 기량을 발휘해야 하는 만큼, 경제적인 부분까지 신경 쓰기 어려울 수 있습니다. 하지만 지금부터 꾸준히 노력하고 준비한다면 선수 생활 이후에도 안정적인 삶을 살아갈 수 있을 것입니다.

안정적인 미래를 위해 꾸준한 수입을 만들어낼 수 있는 자산에 투자하는 것을 고려해 보세요. 기본적인 생활을 유지하려면 먼저 규칙적인 현금 흐름을 확보하는 것이 중요합니다. 예상치 못한 상황이나 목표가 생길 수 있으니, 일시적인 수입에만 의존하지 말고 꾸준히 활용 가능한 자원을 확보할 수 있는 시스템을 만들어 두는 것이 좋습니다. 자원이 부족해지면 계획에 차질이 생기거나 원치 않는 결과를 맞이할 수 있으니까요. 따라서 끊임없이 수입을 얻을 수 있도록 현명하게 투자하고 자산을 관리하는 전략을 세우는 것이 중요합니다.

투자와 자산 관리를 통해 얻는 꾸준하고 넉넉한 수입은 단순히 경제적인 안정을 넘어, 프로게이머 이후의 새로운 꿈을 펼칠 수 있는 든든한 디딤돌이 됩니다. 생계를 위한 걱정이나 싫어하는 일에 얽매이지 않고, 진정으로 원하는 일에 온전히 집중할 수 있는 자유를 누릴 수 있죠.

이를 위해 현명한 투자를 통해 자산을 쌓는 것이 무엇보다 중요하지만, 쉬운 일은 아닙니다. 건물, 주식, 채권, 예금, 적금 등 다양한 투자 상품들이 각각의 장단점을 가지고 있기 때문입니다. 성공적인 투자를 위해서는 투자 상품을 선택하기 전에 자신의 성향과 위험 감수 능력을 꼼꼼하게 따져보는 것이 중요합니다.

대표적인 투자 자산별 특징

구분	특징
건물	임대료 수입과 가치 상승으로 인한 수익을 기대할 수 있지만, 공실 발생 가능성과 부동산 가치 하락 위험도 존재합니다.
주식	주가 상승으로 인한 차익과 배당 수입을 얻을 수 있지만, 주가 하락과 배당 감소 가능성을 고려해야 합니다.
채권	안정적인 이자 수익을 기대할 수 있지만, 금리 하락이나 원금 손실 위험이 있습니다.
예금/적금	낮은 금리지만 안정적인 이자 수익을 얻을 수 있습니다.

* 하지만 모든 자산이 그렇듯 옥석을 가리는 것이 중요합니다. 건물은 상권 변화에 따라 공실이 발생하거나 부동산 가치가 하락할 수 있고, 주식은 주가 하락과 배당 감소의 위험을 내포하고 있습니다. 채권, 예금, 적금 역시 금리 하락이나 원금 손실 가능성을 배제할 수 없죠. 따라서 다양한 투자 상품 중 자신의 성향과 상황에 맞는 투자를 선택하는 것이 중요합니다.

프로게이머와 마찬가지로 연예인들도 미래에 대한 불안감 때문에 건물 매수를 선택하는 경우가 많습니다. 하지만 건물 매수에도 주의해야 할 점이 있습니다. 보통 좋은 위치의 건물은 가격이 높아 대출을 받아 구매하는 경우가 많은데, 상권 변화 등으로 인해 큰 손실을 볼 수도 있기 때문입니다.

예를 들어, 과거 유령 도시처럼 변해버린 지역의 사례나, 유명 연예인 부부가 강남 빌딩 투자에서 큰 손실을 입었다는 기사를 참고해 볼 수 있습니다.

비, 김태희 강남빌딩 기사 ↓

[투자와 투기, 무엇이 다를까?]

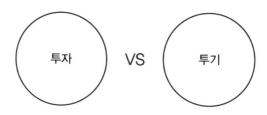

가상화폐, FX, 해외선물, 옵션 등은 투자라기보다는 투기에 가깝습니다. 안정적이고 장기적인 가치 상승을 기대하는 것이 투자라면, 단기적인 시세 차익을 노리는 것은 투기에 가깝다고 볼 수 있습니다. 단기적인 예측이 빗나가더라도 자신의 판단을 믿고 장기적인 관점에서 기다릴 수 있고, 실제로 가치가 회복된다면 투자라고 할 수 있겠죠. 하지만 예측이 빗나갔을 때 손실을 감수하거나, 운에 맡겨야 하는 상황이 오거나, 회복을 기다릴 수 없다면 투기에 불과합니다. 투기는 높은 위험을 동반하며, 단 한 번의 실패로 모든 것을 잃을 수 있습니다. 따라서 신중하게 판단해야 하니, 주의하세요.

가끔 직업과 투기를 혼동하는 경우도 있습니다. 경마 선수는 직업이지만, 경마에 돈을 거는 행위는 투기로 볼 수 있습니다. 단 한 번의 잘못된 투기로 평생 힘들게 쌓아온 모든 것을 잃는 안타까운 사례들을 많이 보았습니다. 수많은 가능성과 소중한 청춘을 맞바꾼 시간을 투기로 잃지 않기를 바랍니다.

힘들게 번 수입을 자산으로 만들지 않고 모두 써버린다면, 다시 새로운 수입을 만들어야 하는데 생각보다 쉽지 않을 수 있습니다. 기술과 경험을 쌓는 것 또한 중요합니다. 은퇴 후 다른 분야로 옮겨가는 것이 쉽지 않아 일시적으로 수입이 없을 수도 있기 때문입니다.

저는 학업을 선택했는데, 고등학교 졸업 당시 모아둔 월급과 상금 약 3천만 원으로 대학 진학을 준비할 수 있었습니다. 만약 그 돈이 없었다면 부모님께 생활을 의지하거나 생계를 위해 학업을 포기해야 했을지도 모릅니다.

코치, 감독, 해설가, 협회 관계자 등 관련 업종으로 전직하거나 창업, 학업 등 어떤 길을 선택하든 여유 자금을 마련해 두는 것이 중요합니다.

부록

해외에서 활동하게 된 프로게이머가 알아야 할 계약 핵심정보

이스포츠 강국 한국, 세계 무대에서 빛나는 프로게이머 여러분!

해외에서 쌓아올린 땀과 노력의 결실, 과연 안전하게 집으로 가져올 수 있을까요?

걱정하지 마세요! 이 글 하나면 해외 수입 세금 문제는 이제 그만!

핵심 정보 3가지, 꼼꼼히 확인하세요!

1. 계약은 꼼꼼히, 증거는 확실하게!

중요한 내용 놓치지 않도록 계약서를 꼼꼼히 읽고, 원본과 스캔본 모두 꼭 보관하세요. 만약 애매한 부분이 있다면 변호사 또는 에이전트와 상담해보는 것도 좋습니다.

2. 급여는 놓치지 말고, 증빙은 챙겨두세요!

급여명세서는 이메일로 받아두거나 사진을 찍어 영구 보관하세요.

시간이 많이 흐른 뒤 국세청에서 해외 소득 및 세금 납부 관련 자료를 요구하는 경우가 있는데, 팀이 없어지거나, 관련 자료 수취가 어려운 경우가 있어 한국에 불필요하게 세금을 납부하는 경우들이 있습니다. 선수생활을 했던 나라에 다시 가더라도 납세증명서를 받기 어려운 경우도 있다보니, 혹시 모를 상황에 대비하는 것이 중요합니다.

3. 세금 납부는 꼼꼼하게, 확인은 철저하게!

세금 납부 이력을 꼭 확인하세요. 해외에 세금을 납부한 기록이 있다면 한국에서 세금이 부과되었을 때 해외에 납부한 세금 기록을 바탕으로 공제받을 수 있습니다.

[해외 구단 연봉, 한국에서도 세금 납부 해야 해요? 걱정하지 마세요!]

해외 구단에서 멋진 활약을 펼치는 여러분, 한국에서도 세금을 납부해야 하는 건 맞지만, 걱정하지 마세요! 똑똑하게 해결하는 방법이 있습니다.

1. 해외 연봉은 한국에서 사업소득으로 신고

해외 구단에서 받은 연봉은 한국에서 사업소득으로 신고해야 합니다. 마치 개인 사업을 운영하는 것과 같은 개념이라고 생각하면 됩니다.

2. 해외에 세금을 냈는데 또 내냐구요? 걱정하지 마세요!

해외 구단에서 이미 원천징수된 세금은 외국납부세액공제를 통해 한국에서 납부해야 할 세금에서 빼줄 수 있습니다. 이중과세를 막기 위한 현명한 제도죠!

3. 한국에서 납부해야 할 세금 계산 방법

해외 연봉에서 필요경비를 뺀 순이익을 계산합니다.

순이익에 종합소득세율을 적용하여 한국에서 납부해야 할 세금을 계산합니다.

계산된 세금에서 외국에 납부한 세금을 기초로 공제금액을 차감하면 최종 납부해야 할 세금 금액을 알 수 있습니다.

*하지만 주의할 점도 있습니다.

외국에서 납부한 세금을 그대로 한국에서 감면해주는 것은 아닙니다.

한국에서 계산한 세금에서 외국납부세액을 공제해 차액만 납부하면 됩니다.

4. 외국납부세액공제, 어떻게 신청하나요?

외국납부세액공제를 신청하려면 소득세 신고 시 첨부 서류를 제출해야 합니다. 첨부 서류는 위에서 언급한 계약서와, 해외 구단에서 발급받은 급여명세서, 외국 세금 납부 증빙 서류입니다.

해외에서도 빛나는 활약, 한국에서도 현명하게 세금을 납부하시고, 궁금한 점은 언제든지 문의하세요!

추가 정보, 꼭 확인하세요!

- 계약 기간, 해지 조건, 옵션 내용 등을 꼼꼼히 확인하세요.
- 급여 외에도 제공되는 복지 (숙박, 식비, 항공권 등) 정보를 확인하세요.
- 해외 생활 관련 정보 (비자, 주거, 생활비 등)를 미리 알아보세요.
- 문제 발생 시 도움을 줄 수 있는 기관 또는 전문가 정보를 확인하세요.

이 외에도 궁금한 점은 언제든지 문의해주세요!

이 정보가 해외 진출 프로게이머 여러분의 성공적인 해외 생활과 안전한 수입 관리에 도움이 되기를 바랍니다!

프로게이머를 꿈꾸는 사람들이
꼭 알아야 할 가이드 북

초판 1쇄 인쇄   2024년 8월 5일
초판 1쇄 발행   2024년 8월 5일

지은이   구마태 | 한상용 | 박상진 | 정영록 지음
디자인   기록의수록

펴낸곳   봄날
출판등록   제2016-000158호
주소   서울특별시 영등포구 선유동1로 32 신일빌딩 403호 (당산동3가)
대표전화   02-6959-4244
전자우편   foryourspringday@gmail.com

ISBN   979-11-986339-1-0